가계 부채 1100조 시대, 회사처럼 가계를 경영하라

가계 부채
1100조 시대,
회사처럼
가계를
경영하라

박기웅 지음

생각비행

금융 지식이 당신의 삶을 바꾼다

초등학교부터 대학교까지 우리는 보통 16년 동안 학교에서 교육을 받는데 그 교육의 대부분은 직업을 갖기 위한 기초 교육이다. 모든 교육 과정을 통하여 우리는 직업인으로 길러지며, 대학교를 졸업하고 직장에 가게 된다. 직장에서 첫 월급을 받고 금융 활동을 시작하게 되지만 사실 금융이라는 것을 배워본 적이 없다. 학교에서 수학은 배웠지만 금융에 대해서는 배우지 못했다. 금융이 생소한 대부분의 사람이 자신의 노동과 시간을 팔아 어렵게 번 돈을 잘못된 금융 지식으로 허공에 날려버린다.

이 이야기는 지금 우리의 이야기다. 우리는 연봉이 더 많은 회사에 가도록 훈련받았지만, 정작 번 돈을 어떻게 활용해야 할지는 배운 적이 없다. 돈을 벌기 위해서 일을 하지만, 그 돈은 단지 소비를 위한 것일 뿐이다. 의학의 발달로 기대 수명이 늘어나고 있지만 이를 기쁘게 생각하는 사람은 많지 않다. 평균 수명 100세 시대가 온다는데, 이는 직장을 잃고 40년을 더 살아야 한다는 이야기다. 직장을 잃은 40년을 어느 누구도 달가워하지 않는다. 이는 우리가 우리의 노동과 시간을 돈과 교환하는 삶을 살기 때문이다.

쉽게 말해 노동이 멈추면 수익도 멈춘다

설령 당신이 학교에서 공부를 잘해 연봉을 많이 받는 직업을 가졌다 하더라도 당신의 노동이 멈추면 돈도 멈춘다. 돈에 대한 교육을 받은 적 없는 우리는 그 돈으로 소비하거나 은행에 저축을 하거나 이런저런 금융 상품에 가입해버린다.

예컨대 당신이 어떤 회사의 주식을 샀다고 해보자. 그 주식의 가격이 떨어지면 보상을 받을 수 있는가? 펀드는 어떠한가? 금융 상품을 팔아야 수수료를 받는 판매자의 이야기만 덜컥 믿고 쉽게 펀드에 가입하지는 않는가? 그 펀드의 가치가 떨어지면 그 위험은 누가 안는가? 펀드 매니저가 대신 그 위험을 떠안아주는가? 당신의 노동과 시간을 투자하여 힘들게 번 돈을 너무 쉽게 잃고 있다고 생각하지 않는가?

나는 많은 사람이 돈을 벌기 위해 일하면서 정작 돈에 대해 공부하지 않는 현실이 모순이라고 생각한다. 한편으로는 돈에 대해 제대로 교육시켜주는 곳이 없어 돈에 대한 공부의 중요성은 알지만 어쩔 수 없이 잘못된 금융 생활을 하고 있다고 생각한다. 여러 증권사, 보험사, 은행에서 금융 교육이라고 하고 있지만 대부분이 자사의 상품을 팔기 위한 하나의 마케팅 채널에 불과하다.

금융 회사의 사업 모델은 간단하다. 당신에게 상품을 팔고 그 자금을 모아서 더 높은 수익을 올린다. 그리고 수익이 실현되면 당신에게 그 일부를 돌려준다. 만약 손해가 나면 그 손해는 당신에게 전가된다. 당신이 가입한 펀드에서 5퍼센트의 수익이 발생했다면, 당신의 돈을 운용한 회사는 그 이상의 수익률을 달성했다는 뜻이다. 만약 그 펀드에서 -20퍼센트의 손실이 발생했다 해도 운용사는 수수료를 챙겨간다. 우리가 가입하는 대부분의 금융 상품이 이렇다. 나는 금융 상품이 나쁘다고 이야기하는 것이 아니다. 정작 나쁜 것은 금융에 무지한 우리 자신이다. 당신이 가입한 그 금융 상품의 약관에는 분명히 이렇게 쓰여 있을 것이다. "당신의 손실에 대해 운용사는 책임지지 않습니다."

나는 이 책을 통해 당신을 새로운 세계로 안내할 것이다. 학교에서 한 번도 배운 적 없었던 금융 교육의 세계로 말이다.

당신의 연봉보다 당신의 금융 지식이
훨씬 중요하다

그 금융 지식이 당신을 평생 일하게 할 수도 있고 당장 은퇴하게 할 수도 있다. 직무 능력 향상을 통해 당신의 연봉을 올리는 대신에 당신이 어렵게 번 돈이 일하게 하라. 당신의 돈이 일하지 않으면 당신이 평생 일해야 한다. 이 책은 돈에 대한 당신의 관점을 바꾸고 어떻게 하면 돈이 일하게 할 수 있는지 알려줄 것이다.

1장에서는 우리가 살고 있는 돈의 세계에 대해 이야기할 것이다. 우리에게 어떤 위기가 다가오고 있으며, 우리는 어떤 상황에 놓여 있는지 설명할 것이다.

2장에서는 우리 자신의 삶의 패턴과 그에 따른 돈의 흐름을 살펴보며, 그것이 초래할 문제에 대해 이야기할 것이다.

3장에서는 우리의 금융 지식에 대해 이야기할 것이다. 이제까지 알고 있었던 잘못된 금융 지식을 진단해보고 당신이 '투자'라고 잘못 알고 있었던 '투기'에 대해 이야기할 것이다. 그리고 금융 지식이 왜 중요하며, 금융 지식이 우리 삶을 어떻게 바꿀 수 있는지 살펴볼 것이다.

4장에서는 돈에 대한 당신의 관점을 완전히 바꿔주는 이야기를 해줄 것이다. 특히 일을 멈추면 더 이상 돈이 들어오지 않는 사람들이라면 반드시 읽어야 하는 이야기이다. 돈에 대한 관점이 바뀌면 당신의 삶도 바뀐다고 확신한다.

5장에서는 부자들이 받는 금융 교육에 대해 이야기하려 한다. 금융에 대해 공부한 적이 없더라도 쉽게 이해할 수 있게끔 이제까지 경험하지 못했던 새로운 금융의 세계를 이야기해주겠다. 돈이 없어도 돈을 벌 수 있다. 당신이 돈을 찍어낼 수 있는 새로운 이야기를 들려줄 것이다.

6장에서는 회사가 돈을 버는 방법을 다룰 것이다. 그리고 당신의 가계를 회사처럼 경영하는 방법을 알려주겠다. 올바른 투자 방법과 위험을 최소화시키는 방법, 그리고 당신의 돈이 일하게 만드는 방법을 이야기할 것이다.

7장에서는 당신의 가치를 담은 자산을 만드는 방법에 대해 이야기할 것이다. 돈을 더 많이 벌기 위해서는 돈이 아닌 가치를 좇아야 한다. 가치를 더 많은 사람에게 전달할수록 당신은 더 많은 돈을 벌게될 것이다.

이 책이 당신의 새로운 금융 인생의 출발점이 되리라 확신한다.

박기웅

1장
당신의 가계가 위험하다

오늘 당장 직장에서 해고당한다면?
경제 위기로 집값이 반 토막 난다면?
당신이 주식을 보유한 회사가 파산한다면?
당신은 이런 상황에 잘 대비하고 있는가?
지금 당신의 가계가 위험하다.

우리 집 빚이 1억 7000만 원?

가계 부채가 1100조 원을 넘어섰다고 한다. 우리나라 인구가 5030만 명 정도니까 1인당 부채가 약 2180만 원인 셈이다. 이는 곧 4인 가족 기준으로 가구당 평균 8700만 원 정도의 빚이 있다는 이야기다.

더 놀라운 점은 이 가계 부채에 전세금은 잡혀 있지 않다는 것이다. 부동산114에 따르면 전국의 아파트 전세 시가 총액은 898조 원이라고 한다. 여기에 오피스텔, 원룸 등의 전세 보증금과 전세금 상승분을 감안하면 우리나라 전세 시가 총액은 1200조 원을 넘어설

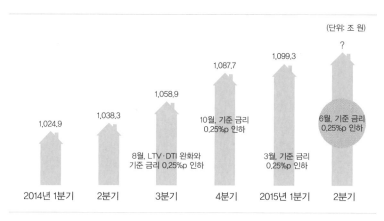

(단위: 조 원)

1,024.9 · 2014년 1분기

1,038.3 · 2분기

1,058.9 · 3분기 · 8월, LTV·DTI 완화와 기준 금리 0.25%p 인하

1,087.7 · 4분기 · 10월, 기준 금리 0.25%p 인하

1,099.3 · 2015년 1분기 · 3월, 기준 금리 0.25%p 인하

? · 2분기 · 6월, 기준 금리 0.25%p 인하

가계 부채 추이

출처: 한국은행

것으로 예상된다. 이 중 금융권에서 전세 자금 마련을 위해 대출한 경우 그 금액이 전체 가계 부채에 포함되어 있으므로 제외하더라도 전세 시가 총액은 1054조 원에 이른다. 따라서 이를 합산하면 우리 나라 가계 부채는 총 2154조 원이 되는 것이다. 물론 추정치이긴 하지만, 이를 바탕으로 1인당 가계 부채를 다시 계산해보면 약 4200만 원으로 나온다.

> **4인 가족 기준 가구당 가계 부채는**
> **1억 7000만 원으로 추정된다**

거짓말 같은가? 주위 사람들에게 부채가 얼마나 되는지 물어보라. 멀리 갈 것 없이 우리 집의 부채가 얼마인지 확인해보면 이해하기 쉬울 것이다. 그렇다면 이렇게 많은 가계 부채는 도대체 왜 발생했나? 한국경제연구원에 따르면 가계 부채 중 절반 이상이 주택 담보 대출이라고 한다. 한국의 부동산 자산 거품은 이미 심각한 수준이며, 부동산 거품이 가계 부채를 지속적으로 증대시켰다고 볼 수 있다. 두 번째 원인은 베이비붐 세대의 본격적인 은퇴로 많은 직장인이 은퇴 후 자영업으로 진출하고 있는 데서 찾을 수 있다. 자영업을 하기 위해 은행에서 대출을 받게 되고 이는 가계 부채의 증가로 이어진다.

그러면 이러한 가계 부채가 나쁜 것인가? 결론부터 말하면, 부채는 절대 나쁜 것만은 아니다. 하지만 이 부채가 이익이 아닌 비용만을 발생시키는 것이라면 나쁜 것이다. 지금 한국 사회의 큰 문제점은 대부분의 부채가 비용만 발생시키는 부채이며, 가계가 감당하기 힘든 수준까지 부채 금액이 올라왔다는 점이다. 이는 소득이 멈춰 부채 상환이 힘들어질 때 대부분의 가계가 파산할지도 모른다는 이야기이다.

부채가 이렇게 증가한 데에는 정부의 금융 정책, 금리 등의 원인이 있지만 나는 금융 지식에 대한 우리의 무지가 가장 큰 원인이라고 생각한다. 금융 교육을 받지 않은 우리는 부채를 만들고 그 부채는 더 많은 비용을 발생시킨다. 그리고 그 비용은 우리를 더 가난하게 만든다. 간단한 예를 들어보자. 대부분 자동차를 구입할 때 오토론을 이용한다. 가령 자동차 가격이 3000만 원이라면 1000만 원은 선납하고 나머지 2000만 원은 오토론으로 처리하는 형식이다. 결국 오토론은 금융 대출의 한 유형, 즉 부채이다. 이 부채를 이용하여 구입한 자동차는 우리에게 어떤 소득도 가져다주지 못한다(자동차를 활용한 영업 등 이익을 창출하는 경우는 제외). 일단 자동차를 구입하면 다음과 같은 비용이 발생한다.

1. 재산세
2. 보험료
3. 유류비
4. 오토론 대출 이자
5. 오토론 원금
6. 기타 자동차 수리비

우리는 자동차를 구입하기 위해 부채를 만들었으며, 이는 부채 자체의 비용인 이자와 우리가 부채를 만들어 산 자산인 자동차로 인한 비용(재산세, 보험료, 수리비, 유류비)을 발생시킨다. 반면, 자동차 구입으로 들어오게 되는 새로운 소득은 없다. (자동차 구입이 무조건 나쁘다는 이야기를 하려는 것이 아니다. 나 역시 자동차를 소유하고 있으며 자동차가 우리 삶에 주는 편익과 효용을 십분 느끼고 있다. 다만, 나는 당신과 다른 방법으로 자동차를 샀다. 그 방법에 대해서는 책의 중반부에서 자세히 다루도록 하겠다.) 가계 부채의 문제점은 대부분의 가계가 이런 자산, 소득은 발생시키지 않고 비용만 증가시키는 자산을 만들기 위해 부채를 발생시킨다는 사실이다. 결국 금융 교육의 부재가 금융에 대한 무지를 낳았고, 금융에 대한 무지가 오늘날의 가계 부채를 만든 셈이다.

우리가 인플레이션이라 부르는 물가 상승이라는 것은 사실 물가가 상승하는 것이 아니다. 물가라는 것은 물건의 가격을 이야기하는데, 물건의 가격을 실제로 올릴 수도 있지만 통화량을 늘리면, 즉 돈의 가치를 떨어뜨려버리면 물건의 가치는 상대적으로 오른다. 이렇게 생각해보자. 컵이 10개 있다. 이 컵은 한 개에 1000원씩 거래되고 있다고 하자. 이 컵의 가격은 1000원이다. 이것을 살 사람도 10명이고 컵도 10개이다. 한 사람당 1000원씩 들고 있다고 가정하면 시장에 있는 돈의 총합은 1만 원이다. 컵이 10개이기 때문에 시장 가격은 1000원에 형성될 것이다. 시장은 합리적이기 때문에 수요와 공급에 따라 균형을 맞추면서 움직인다. 이때 일인당 소득이 늘어나 가지고 있던 돈이 1000원에서 2000원으로 늘어났다고 하자. 컵의 가격은 어떻게 될까? 시장에 있는 돈의 총합이 1만 원에서 2만 원으로 두 배 늘어났다. 따라서 컵의 가격도 인상된다. 두 배로 인상되어도 소비자들이 충분히 살 수 있기 때문이다. 시장에 있는 돈의 총합을 우리는 통화량이라고 부른다. 통화량은 모든 사람의 소득이 늘어나도 늘어난다.

그렇다면 모든 사람이 대출을 받는다면 어떨까? 컵의 수는 10개 그대로 있다. 10명의 사람들은 각각 1000원씩 가지고 있다. 이때 은행이 나타나서 사람들에게 낮은 금리로 1000원씩 빌려주겠다고 제안한다. 이럴 때 컵의 가격은 어떻게 될 것인가? 만약 사람들이 은행에서 저리로 500원씩 대출받는다면 각각 1500원씩 보유 금액이 증가하게 되고 총 통화량은 1만 5000원으로 증가하게 된다. 이때 컵 가격은 1500원까지 상승할 것이다.

이것이 인플레이션의 원리이다. 시장의 통화량 증가는 물가의 상승을 불러온다. 물가의 상승을 인플레이션이라 부르지만, 정확히 말하자면 물가의 상승이 아니라 돈의 가치의 하락이다. 자본주의 시대 거의 모든 나라의 통화 시스템은 돈의 가치가 하락하도록 설계되어 있다. 돈의 가치는 앞서 말한 것처럼 통화량을 증가시켜 하락시킬 수 있는데, 통화량의 증가는 사회 구성원들의 소득을 늘리거나 아니면 빚을 늘리는 방법으로 가능하다. 소득을 늘리기 위해서는 경기가 원활하게 돌아가고 기업들이 돈을 잘 벌어야 되는데, 그것에 한계가 올 때 더 손쉬운 방법인 빚을 늘리는 방법을 선택하게 된다.

진짜 문제는 더 이상 빚도 소득도 늘릴 수 없을 때 발생한다. 지금 우리나라와 전 세계의 상황이 이렇다. 신문에 하루가 멀다 하고 나오는 디플레이션 이야기는 더 이상 사람들이 빚을 늘릴 수 없는 상황에서 통화량이 줄어드는 것을 우려하는 이야기이다. 사람들이 빚을 늘릴 수 없는 상황, 이것을 어려운 말로 '신용 팽창의 한계'라고 하는데 지금 우리는 사실상 이 상황에 직면해 있다.

정부는 통화량을 금리 정책과 지급준비율(금융 기관의 예금 총액에 대한 현금 준비 비율)로 조절하는데 현재의 저금리 상황에서 사용할 수 있는 금리 정책이 별로 남아 있는 것 같지 않다. 더군다나 미국이 양적 완화 정책의 종료로 돈 풀기를 중단하고 금리 인상을 준비하고 있어 미국이 본격적으로 금리를 올리게 되면 우리나라는 따라서 금

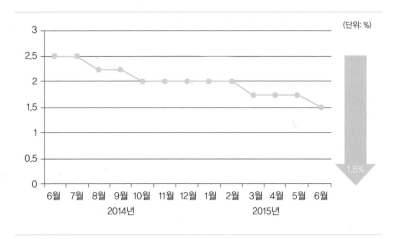

(단위: %)

1.5%

한국은행 기준 금리 추이

출처: 서울파이낸스

리를 올릴 수밖에 없는 상황이다. 만약 미국이 금리를 올릴 때 우리나라가 금리를 동결하거나 인하한다면 금리 차이 때문에 외국인의 돈이 이탈하게 되고, 많은 돈이 외국으로 빠져나가게 됨에 따라 원화의 가치는 떨어지며(환율 상승) 외환 보유고가 줄어 심한 경우 외환위기까지 올 수도 있다. 이뿐만 아니라 우리나라 자산 시장에서 돈이 이탈하면 증시, 부동산 모두 자산 가격이 떨어지게 된다. 이런 부작용을 막기 위해 미국이 금리를 인상하면 우리나라도 금리를 인상할 수밖에 없다.

그런데 금리가 오르게 되면 당장 가장 큰 타격을 받는 것은 우리 가계다. 앞서 살펴봤듯이 가구당 평균 부채가 1억 7000만 원에 이르는데, 기준 금리가 1퍼센트만 올라도 연간 170만 원, 월 14만 원가량 이자가 증가하게 된다. 부채로 만든 우리의 자산은 앞서 이야기했듯이 소득이 아닌 비용을 발생시키는 자산이다. 이러한 상황에서 부채에 대한 대출 금리 인상으로 자금 조달 비용이 증가하게 되면 우리는 어떻게 될까? 미국이 금리 인상을 준비하고 있고 매년 2퍼센트를 목표로 금리를 인상할 계획인데 우리의 대출 이자가 현재보다 2퍼센트 오른다면 우리 가계는 어떻게 될까? 내가 만들어둔 자산의 가격은 어떻게 될까?

내 집값은 과연 오를까?

《파이낸셜신문》에 따르면 한국인의 자산 중 부동산이 차지하는 비중이 75퍼센트에 이른다고 한다. 이에 반해 금융 자산은 25퍼센트에 불과한데 이는 주요 국가들(40~70퍼센트)에 비해 현저하게 낮은 비중이다. 한국의 부동산 사랑을 단적으로 보여주는 지표라 할 수 있다. 나는 부동산이 나쁜 자산이라고 생각하지는 않는다. 부동산도 매월 충분히 많은 현금 흐름을 발생시키는 좋은 자산이 많다. 여기서 '충분히 많은 현금 흐름'이란 투자비용 대비 매년 회수하는 현금을 바탕으로 하는 투자 수익률을 뜻하는데, 이와 관련한 이야기는 5장에서 자세히 다루도록 하겠다.

우리의 가계 자산 중 부동산이 문제가 되는 이유는 우리가 소유한 부동산에서는 어떠한 소득도 발생하지 않기 때문이다. 물론 이렇게 반문할 수 있다.

"우리 집 가격은 현재 저평가되었어. 앞으로 집 가격이 상승할 수밖에 없어."

"우리 집은 살 때보다 이미 1억 원이나 올랐는걸? 3억 원에 매입했는데 호가가 4억 원이나 되니까 내 자산 가치는 1억 원이 오른거야."

절대 이런 이야기를 부정하는 것은 아니다. 다만 나는 이런 생각을 투기로 규정짓고 싶다. 왜냐하면 당신은 집값이 오르는 것을 당신의 뜻대로 통제할 수 없으며, 집값이 하락하는 것에도 무방비하다. 만약 시장 상황이 변하여 집값이 떨어진다면 어떻게 할 것인가? 그때도 다시 오를 것이라는 믿음을 가지고 기다릴 것인가? 만약 예상대로 집값이 올랐다고 해도 당신은 거래 비용이나 유지 비용에 대해서는 고려하지 않고 있다. 매년 집을 소유한 대가로 내는 재산세, 집을 처음 매입할 때의 취득세와 등록세, 집에 대한 관리 비용, 집을 팔 때 시세 차익만큼 지불해야 하는 양도세 등 거래에 수반되는 비용은 따지지 않은 채 막연히 집값이 올랐으니 돈을 벌었다고 생각한다. 나는 이런 사고를 '투기'라고 정의하며, 당신에게 투기가 아닌 투자를 하는 방법을 알려줄 것이다. 투기와 투자에 대한 이야기는 3장에서 자세히 다룰 것이다.

앞서 한국인의 자산 비중에서 부동산이 차지하는 비중이 75퍼센트라고 했는데, 이는 곧 가계 부채 대부분이 부동산 때문에 발생한 것이라는 이야기이기도 하다. 왜 우리는 집을 살 때 빚을 내게 될까? 답은 굉장히 명확하다. 집값이 비싸기 때문이다.

　PIR Price to Income Ratio(소득 대비 주택 가격 비율)이라는 지표가 있다. 이는 자산 가격의 적정성과 구입 가능성을 가늠케 하는 척도로, 2014년 기준 서울의 집값은 PIR 13, 즉 연소득을 하나도 쓰지 않고 13년을 모아야 주택 구입이 가능한 수준이다. 이는 뉴욕(PIR 7.9)이나 런던(PIR 6.9)에 비해 현저하게 높은 수치다. 유엔 인간 정주권 위원회 UN HABITAT는 적정 PIR을 3~5 수준으로 권고하고 있다. 13년 동안 한 푼도 쓰지 않고 모아야 집을 살 수 있는데 적정 소비를 유지하며 집을 사려면 아무리 빨라도 20년은 걸릴 것이다. 보통 성인 남자가 사회생활을 시작하는 나이가 20대 후반임을 고려하면 50세가 되어서야 집을 완전히 소유하게 되는 셈이다. 물론 이것도 다른 곳에 돈을 쓰지 않고 열심히 모았을 때만 가능한 이야기이다. 상황이 이렇다 보니 은행 대출 없이 집을 사는 것은 거의 불가능하다. 따라서 주거 마련을 위하여 은행 대출을 이용하게 되고 이는 가계 부채

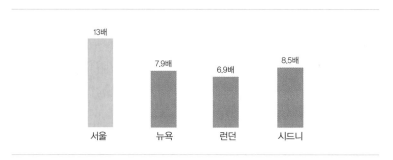

연소득 대비 주택 구입 가격

출처: 삼성금융연구소

증가의 원인이 된다.

　그렇다면 사람들은 왜 집을 소유하려 할까? 내 집에 대한 소중함 때문에? 이사가 번거로워서? 아이들 교육 때문에? 여러 이유가 있겠지만 나는 가장 큰 이유가 '집값 상승에 대한 두려움' 때문이라고 생각한다. 1980년대부터 2000년대까지 우리나라의 부동산 가격은 지속적으로 상승하였다. 물론 지역에 따른 차이는 있겠지만, 단편적으로 1990년에 2억 원 하던 강남의 아파트 가격이 현재 7억~10억 원에 달한다는 것만 봐도 잘 알 수 있다. 달리 말해 그때 집을 샀던 사람들은 자산 가치가 지속적으로 상승하여 그 수혜를 입었고 집을 사지 못했던 사람들은 계속 오르는 집값 때문에 내 집 마련이 더욱 힘들어져버렸다. 사실상 거의 전 세대가 집값 상승의 시대 속에서 가장 좋은 자산은 집이라는 생각을 하며 살아왔다고 해도 과언이 아니다. 따라서 부모 세대는 자식 세대에게 우선 집부터 사야 한다고 이야기하고, 집이 없는 사람들은 집값이 더 오르기 전에 역사상 가장 싼 현재의 대출 금리를 이용하여 지금이라도 집을 사야 되는 것은 아닌지 혼란스럽다.

　그런데 만약 집값이 더 이상 오르지 않거나 오히려 떨어진다면, 그래도 과연 지금 집을 사야 할까? 결론부터 이야기하자면, 앞으로는 집을 지금까지와 다른 관점으로 봐야 한다. 지역에 따라서는 집값이 오르는 곳도 있을 수 있겠지만, 향후 우리는 집에 대한 새로운 패러다임 속에서 살게 될 것이다. 몇 가지 이유를 살펴보겠다.

첫째, 인구 구성의 변화 및 인구 감소이다.

《조선닷컴》조사에 따르면 부산, 대구, 서울이 세계에서 인구가 가장 빨리 감소하는 도시 1~3위를 차지하였다. 이것은 전 세계를 대상으로 조사한 결과로 우리나라가 세계에서 인구가 가장 빨리 감소하고 있는 국가 중 하나라는 것이다. 우리나라의 인구 구성을 보면 올해 65세 이상 고령 인구 비중이 13.1퍼센트를 기록하며 고령화 사회 말기에 접어들었고, 출산율은 최근 13년간 1.3명 미만으로 초저출산 국가이다. 이는 부동산 시장에 큰 영향을 미친다. 인구가 감소한다는 말은 부동산에 대한 수요가 감소한다는 뜻이고 시장에서 수요 감소는 공급 과잉을 불러일으킨다. 그리고 고령화 사회에 접어들어 도시에서 다시 농촌으로 이동하는 사례가 많아질 것이며, 이에 따라 도시에 부동산 공급 과잉이 발생할 가능성이 크다. 이것 역시 부동산에는 부정적인 영향을 미치게 된다.

둘째, 청년 실업 등의 문제로 새로운 세대의 경제력이 뒷받침되지 못하고 있다.

현재 청년 실업률은 11.1퍼센트인데, 이는 1999년 외환위기 때와 비슷한 수치이다. 공식적으로 발표한 실업률이 이 정도라면 결혼, 군입대, 휴학, 취업 보류 등을 고려하지 않은 실업률 집계 방식의 허점을 생각할 때 실제로는 청년 세 명 중 한 명이 실업 상태라고 보는 편이 맞다. 청년 실업 문제가 심각해지면서 취업 연령이 점점 늦춰지고 있으며 남자의 경우 30세가 다 되어 취업하는 경우가 비일비재하다. 이렇게 어렵게 취업에 성공했다 해도 고용 형태가 비정규직 같은 임시직의 비율이 상당히 높아 청년들은 경제력을 점점 잃고 있다. 청년층은 부동산 시장의 신규 구매층인데, 이들의 경제력이 뒷받침되지 못하면 부동산 시장에서의 신규 구매층이 확연히 줄어들게 된다. 결국 지금의 청년 실업 문제는 부동산 수요의 감소로 이어져 부동산 시장에 부정적인 영향을 미칠 수밖에 없다.

셋째, 주택의 공급 과잉이다.

국토교통부 자료에 따르면 최근 부동산의 인허가, 착공, 분양 등의 수치가 전년 동월 대비 급격히 상승하고 있다. 또한 2013~2022년 장기 주택 종합 계획에서 주택 수요를 연간 39만 가구로 예상하였는데, 올해 전체 주택의 준공 물량은 43만 4000가구로 공급이 여전히 많은 상태이다. 이러한 공급 과잉의 지속은 미분양의 속출로 이어지고, 이는 부동산 가격 하락을 가속화할 수밖에 없다. 더군다나 우리나라의 주택 보급률은 이미 100퍼센트를 넘은 상태라 신규 공급 과잉을 버티기 어렵다.

넷째, 앞으로 재건축은 점점 사라질 것이다.

재건축이란 노후한 아파트를 다시 건축하여 신규 아파트로 개발하는 것을 이야기하는데, 기존의 재건축은 건설사가 기존의 저층 아파트를 고층 아파트로 지어 신규 분양을 통해 수익을 취하는 방식으로 진행되었다. 기존 거주민들은 재건축이 시작되면 신규 아파트에 대한 우선 분양권을 받게 되고 재건축 지정에 따라 매매 가격이 상승하여 시세 차익을 얻게 된다. 10층 이상의 아파트들도 대지 면적이 넓고 입지 조건이 좋은 아파트인 경우에는 건설사들이 선별적으로 재건축을 시행한다.

문제는 이렇게 기존 아파트를 헐고 새로 지은 고층 아파트는 대다수가 25층 이상의 아파트인데, 25층 이상의 신규 고층 아파트가 노후했을 때는 더 이상 재건축이 불가능하다는 사실이다. 25층 아파트의 재건축에서 건설사가 수익을 올리기 위해서는 50층 이상의 초고층 아파트를 건설해야만 하는데, 초고층 아파트의 경우 건설비가 기하급수적으로 늘어나 웬만해서는 수익성이 없다. 따라서 현재 지어진 고층 아파트의 경우 노후화에 따른 수선비를 아파트 주민들이 부담해야 할 것이며, 지금까지와는 다르게 아파트의 노후화가 진행될수록 가치가 떨어지는 시대에 살게 될 것이다. (현재까지는 아파트가 노후하더라도 재건축이 가능하여 노후한 아파트도 가격이 오르는 현상이 있었다.) 이는 부동산에도 감가상각을 적용하여 가치를 측정해야 된다는 이야기이며, 감가상각이 진행됨에 따라 부동산의 자산 가치가 하락한다는 이야기이다.

정리하자면 인구 감소로 부동산 수요는 감소하고 있는데 공급은 점차 과잉되고 있는 상태이며, 아파트의 경우 감가상각의 반영에 따라 자산 가치는 점차 하락하게 된다는 것이다. 부동산으로 돈 버는 시대가 끝났다고 이야기하는 것은 아니다. 부동산에 대한 관점을 이제는 투기에서 투자로 바꿔야 한다는 것이다.

일자리가 사라지고 있다

노동 집약을 바탕으로 하는 산업화 시대에서 기술 기반의 정보화 시대로의 변화는 기업 생태계를 완전히 바꿔버렸다. 기업은 효율성을 추구하며 반복적인 처리 업무를 컴퓨터와 기계로 대체해버렸고 이는 일자리의 감소로 이어졌다. 네이버는 영업 이익 5000억 원 규모의 회사지만 직원 수는 2500명에 불과하다. IT 비즈니스의 특성상 어느 정도 성장 궤도에 이르면 이익률이 높아져 적은 인원으로 높은 이익을 달성할 수 있다. (네이버의 영업 이익률은 28퍼센트로 제조업의 평균 영업 이익률 5퍼센트의 다섯 배를 상회한다.) 다른 말로, 네이버가 아무리 성장해도 고용 창출에 이바지하는 바는 작다는 것이다. 창업자와 투자자는 많은 돈을 벌 수 있지만 이것이 고용 창출로 연결되어 국가 경제에 미치는 영향은 미미하다고 할 수 있다.

> **"산업화 시대가 끝나고 정보화 시대로
> 진입하며 더 많은 일자리가 사라지고 있다"**

영업 이익 기준 세계 1위 기업은 애플로, 영업 이익이 525억 달러(2014년 기준, 약 60조 원)에 달한다. 이는 한국의 2014년 경상수지인

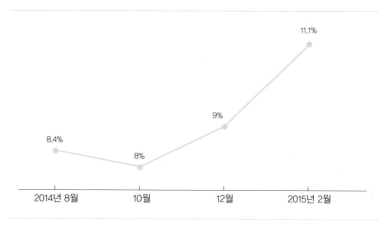

치솟는 청년 실업률(15~29세 기준)

출처: 통계청

894억 달러의 3분의 2에 이르는 막대한 규모다. 하지만 애플의 직원 수는 고작 8만 명 정도다. 이 두 기업뿐 아니라 많은 기업이 예전처럼 성장에 따라 고용을 창출하지 못하고 있다. 대신 로봇이나 컴퓨터가 그 자리를 대체해가고 있다.

정보화로 기업은 사람이 하는 일을 몇 줄의 프로그램으로 대체할 수 있게 되었는데, 이는 효율성을 극대화하고 기업의 이익을 극대화한다. 반면 일자리는 더 줄어드는 결과를 낳는다. 아래의 목록은 정보화 시대의 가속화에 따라 20년 뒤에는 사라질 직업들을 정리해본 것이다.

1. 펀드 매니저 및 은행원

이미 미국 월스트리트에서는 펀드 매니저의 70퍼센트가 펀드 알고리즘 프로그램이다. 이 프로그램은 1초에 1500번의 거래를 할 수 있을 정도로 시장 파악 자료 수집 속도가 사람보다 현저히 뛰어나며 '휴먼 에러'가 없다. 2014년 한 해 동안 국내 금융권에서는 5만 명이 일자리를 잃었다.

2. 약사

처방전을 넣으면 그 처방전대로 약을 조제해주는 시스템이 나와 있으며, 일반 의약품도 환자의 증상을 입력하면 그에 맞는 약을 추천해준다. 여기에 약을 제조하는 기계까지 등장한다면 더 이상 약사가 필요 없는 시대가 오지 않을까?

3. 버스, 택시 운전사

현재 구글과 애플 등 많은 IT 기업이 무인 자동차 시스템을 개발 중이며 상용화 단계에 이르렀다. 자동차에 장착된 컴퓨터는 1초에 1~2기가바이트의 정보를 처리하므로 사람이 보고 판단하는 속도보다 빠르게 반응하여 사고를 줄이고 안정성을 높여준다.

4. 변호사

변호사의 가장 큰 업무는 법률, 판례 등의 자료 수급과 전략 수립인데 알고리즘 프로그램이 훨씬 뛰어난 수행 능력을 보인다.

5. 물류, 운송업 종사자

이미 미국 아마존 창고에서는 로봇이 일하고 있고, 사람은 로봇이 가져다주는 제품을 포장하기만 한다. 포장 작업 역시 기계로 대체 가능하며, 배달도 드론이나 무인 자동차로 대체할 수 있기 때문에 물류 업종에도 더 이상 사람이 필요 없게 되어버린다.

6. 파일럿

1970년대까지 항법사 등 5~6명이 조종석에 올랐지만, 현재는 두 명만으로 충분하며 이착륙 외에는 이미 자동 비행이 대신하고 있다. 향후 파일럿 역시 무인 자동차처럼 무인 비행기가 등장하면 사라질 가능성이 크다.

7. 자동차 제조업 종사자

전기 자동차 회사인 테슬라는 공장을 디트로이트가 아닌 실리콘밸리에 건설하며 자동차를 컴퓨터의 집약으로 봤다. 테슬라 공장에서는 사람이 아닌 로봇이 자동차를 생산하고 있다.

8. 신문 기자

이미 미국에서 스포츠 기사는 알고리즘에 따라 작성되고 있으며 경기 결과와 내용을 취합하여 질 높은 기사를 수백 건씩 뽑아내고 있다.

9. 세무사

자료를 찾고 계산하는 등의 알고리즘도 이미 개발되었고 머지 않아 세무사가 하는 일의 대부분을 컴퓨터가 대신할 수 있을 것이다.

10. 번역가

지금도 구글 등에서 번역기를 이용하여 많은 언어가 번역되고 있지만 앞으로 사투리나 속어 등도 데이터베이스화 되면 번역가도 더 이상 자리를 지키기 힘들 것이다.

11. 발권 등 서비스업 종사자

이미 영화관에서는 사람이 하던 영화 발권 및 티켓 환불 등의 업무를 자동 발권기가 대신하고 있으며, 공항의 항공권 발권도 마찬가지이다. 은행도 스마트 브랜치의 확장으로 지점을 ATM으로 대체하고 있다.

출처: KBS 〈시사기획 창 – 로봇 혁명, 미래를 바꾸다〉

정보화 시대의 고도화로 위의 직업들이 사라지게 되면 실제로 우리가 할 수 있는 일들은 무엇이 있을까? 우리는 정보화 시대를 살면서 여전히 산업화 시대의 교육을 받고 있으며 앞으로 20년 안에 사라질 직업을 위해 공부하고 있다. 많은 학자가 "현재의 교육 시스템은 100년 전에나 필요했던 시스템"이라고 말한다. 시대가 바뀌었는데 교육은 바뀌지 않았다.

세계 각국은 이런 문제의 심각성을 인지하고 교육 시스템을 개편하려 하고 있다. 독일은 "위키피디아에 나오는 것들을 가르칠 필요는 없다. 창의력과 기계가 못 하는 일들을 가르쳐야 한다"라며 교육 과정 개편을 논의 중이며, 영국은 "창의력과 알고리즘이 다음 세대의 직업 필수 요소일 것"이라며 초등학교 때부터 코딩과 알고리즘을 가르치기 시작했다.

반면 우리나라는 어떠한가? 여전히 암기한 내용을 확인하는 시험이 대부분이지 않은가? 많은 학부모가 자식들의 명문대 입시를 위해 아낌없이 돈을 쓰고 있지 않은가? 이미 일자리는 사라지고 있으며, 최근에는 명문대 출신 실업자들도 많이 양산되고 있다.

나는 절대 그들이 열심히 살지 않아서 실업자의 길로 들어선 것이라고 생각하지 않는다. 그들은 누구보다 열심히 산업화 시대의 교육을 받았다. 하지만 그들이 사회에 나올 때는 이미 그들의 교육과 괴리가 큰 새로운 사회가 기다리고 있다. 암기력과 이해력, 논리력으로 무장한 명문대 출신 학생들은 매뉴얼이 없는 인생 앞에서 어떻게 해야 할지 모르고 있다. 그래서 높은 경쟁률에 좌절하며 좁아진 취업문을 두드리고, 그들이 가장 잘할 수 있는 평가 시스템으로 사람을 걸러내는 공무원 시험에 응시한다.

학생들은 열심히 살았다. 누구보다 열심히 공부하고 준비했을 것이다. 문제는 100년 전의 교육을 하고 있는 교육 시스템이다. 인터넷에 검색해보면 바로 나오는 정보들을 왜 암기해야 하는지, 엑셀

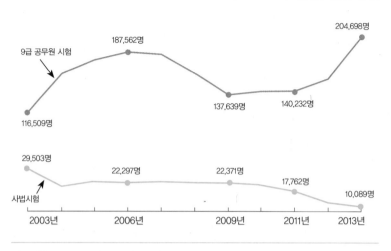

9급 공무원 시험

204,698명

187,562명

116,509명

137,639명

140,232명

29,503명

22,297명

22,371명

17,762명

10,089명

사법시험

2003년 2006년 2009년 2011년 2013년

사법시험 및 9급 공무원 시험 응시 인원 추이

출처: 안전행정부

같은 프로그램만 있으면 어려운 연산도 알고리즘을 통해 해결할 수 있건만 왜 그렇게 오랫동안 수학을 공부해야 하는지, 머지않아 나오게 될 동시 통번역기로 세계 어느 나라에서도 자유롭게 의사소통할 수 있는데 너무 많은 시간과 돈을 언어 교육에 쏟고 있는 것은 아닌지 한번 생각해볼 일이다. 어쩌면 우리는 사라져갈 직업을 위해 지금의 시간과 돈을 쏟고 있는 것인지도 모른다.

　나는 이 글을 읽고 있는 당신이 사라져갈 직업을 위한 교육이 아닌 진짜 교육을 받기를 원한다. 그 교육의 출발점은 바로 '금융 교육' 이다.

월급이 멈추면 당신의 삶도 멈추는가?

기업은 한 가지 제품만 팔지 않는다. 물론 초창기에는 한 가지 제품을 생산하지만 점점 많은 제품으로 확장해나간다. 삼성전자의 경우 휴대폰만 파는 회사가 아니며 반도체, 냉장고, 세탁기 등등 수많은 제품 라인업을 가지고 있다. 그뿐만 아니라 많은 부동산을 바탕으로 임대 소득을 올리고, 특허 출원을 통해 특허 사용료를 받는다. 또한 삼성전자는 다른 많은 회사의 지분을 확보하고 있으며 이런 지분을 통해 매년 배당금을 받거나 주식 가치의 상승으로 자산 가치가 상승하기도 한다. 삼성전자의 소득은 여러 곳에서 발생하는데 이를 나열해보면 다음과 같다.

1. 휴대폰
2. 반도체
3. 냉장고, TV, 세탁기 등 가전제품
4. 각종 특허
5. 부동산
6. 타 회사 지분

삼성전자의 반도체 사업부가 망해도 삼성전자는 망하지 않으며 삼성전자가 투자한 회사가 망해도 삼성전자는 망하지 않는다. 이는 비단 삼성전자만의 이야기가 아니라 대부분 기업들의 이야기이다.

위에 나열된 것들은 모두 삼성전자의 소득원이며 이렇게 소득을 가져다주는 것을 우리는 자산이라고 부른다.

"다시 말해 기업은 자산을 확보하여
소득을 창출하고 더 많은 자산을 만들어나간다"

자산이 늘어날수록 더 많은 소득이 생기며, 더 많은 소득이 생길수록 기업은 더 빨리 성장한다. 그렇다면 우리는 어떠한가? 대부분은 소득의 종류가 많지 않다. 직장이나 자신의 가게에서 나오는 소득이 전부인 경우가 많다. 대부분 한 가지 소득만을 발생시키며, 한 가지 소득을 바탕으로 자신의 재무 계획을 짠다. 그래서 보통 비용을 통제하는 데 재무 계획의 초점을 맞춘다. 다시 말해 소득을 늘릴 계획은 세우지 않는다. 직장인이라면 진급을 통한 연봉 인상이나 근속 연수 증가로 인한 호봉 상승 이외에는 소득 증대를 기대할 곳이 없다. 그래서 많은 직장인이 진급을 꿈꾸고 진급을 위해 자격증을 취득하며 자신의 근로 소득 증가를 위해 삶을 희생한다.

나는 절대로 이것이 나쁘다고 이야기하는 것이 아니다. 나는 직장 생활을 열심히 하는 사람들을 진심으로 존경한다. 그러한 많은 직장인 덕분에 회사가 성장하고, 지금의 부와 편리를 이룰 수 있었다는 점에 대해서도 진심으로 감사한다. 다만 내가 걱정하는 점은 당신의 일자리가 점점 사라지고 있으며, 언젠가 당신의 일자리가 사라지면 당신의 월급이 멈춘다는 사실이다. 당신의 유일한 소득인 월급이 멈추면 당신의 삶은 얼마나 버틸 수 있는가? 당신이 버틸 수 없다면 당신의 가족은 어떠한가? 기업은 매년 새로운 자산을 만들어나가고 그 자산을 통해 새로운 소득을 만들어나간다.

"당신의 유일한 소득인 근로 소득을
자산 소득으로 점차 변화시켜야 한다"

그 이유는 명확하다. 당신의 일자리는 사라지고 있으며, 직업 안정성은 과거의 이야기가 되어버렸다. 당신은 가족을 지켜야 할 의무가 있으며, 더 이상 당신의 일자리만으로는 가족을 지킬 수 없는 시대가 오고 있다. 나는 기업처럼 당신의 가계를 경영해야 한다고 생각한다. 당신의 소득 포트폴리오를 기업처럼 분산시켜야 하며, 월급이 멈춰도 당신의 삶은 계속되어야 한다. 따라서 다음과 같은

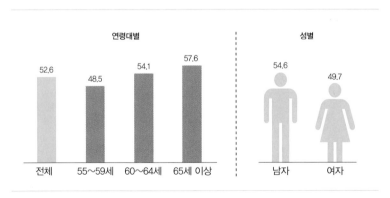

경제활동 경험자들의 평균 은퇴 연령

출처: 서울시복지재단

자산을 확보하여 근로 소득 외의 새로운 소득을 발생시키는 것은 상당히 중요한 일이다.

1. 임대 부동산
2. 사업체 지분
3. 저작권
4. 특허 등 라이선스

이 내용은 6장에서 자세히 이야기하겠다. 당신의 월급이 멈추면 당신의 삶이 멈추는가? 그렇다면 이 책은 당신의 삶에 새로운 길을 제시해줄 것이다.

2장

당신의 내일은 안녕하십니까?

대학을 졸업하고 어렵게 취직한 후 자동차를 산다.
배우자를 만나 결혼하고 은행의 도움을 받아 집을 산다.
주택 담보 대출금을 상환하기 위해 일을 한다.
빚을 다 갚을 때쯤 퇴직해버리고
이제 40년 이상을 소득 없이 정부의 연금에 기대어 살아야 한다.
이는 어쩌면 당신이 걸어가고 있는 삶일지도 모른다.

대부분 사람들의 삶

우리는 초·중·고등학교 12년 동안 학교 교육을 받는다. 그리고 고등학교를 졸업하고 대학교에 진학한다. 2014년 기준 대학 진학률은 70.7퍼센트로 10명 중 7명은 대학교에 진학하는 셈이다. 이렇게 대학교 4년을 포함해 16년 동안 교육을 받고서 사회에 첫발을 내딛게 된다. 정부에서 발표한 청년 실업률은 11.1퍼센트 수준이지만 이는 대학원 진학, 군입대, 결혼 등도 취업으로 분류하여 허수가 많은 통계이며, 실질 실업률은 30퍼센트를 넘을 것으로 전망된다. 청년 세

명 중 한 명은 실업자인 셈이다.

초등학생을 대상으로 한 장래희망 조사에서 공무원이 1위라는 사실은 우리를 씁쓸하게 한다. 사실 대부분의 부모는 자녀가 정말 하고 싶은 일을 하기 원하는 것이 아니라 안정적이고 연봉 높은 일자리를 갖기 원한다. 어쩌면 1997년 IMF와 2008년 금융위기를 겪으며 많은 일자리가 사라지는 것을 보면서 '안정적'이라는 말이 우리 머릿속에 가장 중요한 단어로 자리 잡게 된 것이 아닌가 싶다. 우리가 자녀를 교육하는 데 들이는 교육비는 1인당 연평균 700만 원으로, 이는 초등학교에서 대학교까지의 평균 금액이다. 16년 동안의 교육비는 1억 2000만 원에 달하는데, 이는 순수 교육비만을 책정한 금액이다. 이렇게 많은 돈을 들여 교육한 청년 세 명 중 한 명은 일을 하지 못하고 있는 것이 지금의 현실이다.

명문대를 졸업하고 정말 열심히 경쟁해 대기업에 입사한 A씨의 이야기를 통해 우리의 평생 현금 흐름과 A씨가 겪게 될 금융 라이프를 알아보도록 하겠다. A씨는 엘리트로 남들이 부러워하는 대학교를 졸업한 뒤 대기업에 연봉 4000만 원을 받으며 입사하게 되었다. 그럼 열심히 공부하여 경쟁을 뚫고 사회생활을 시작한 A씨의 지출 및 수입 내역을 살펴보도록 하자. 먼저 A씨의 지출 구조를 하나씩 살펴보자.

1. 세금: A씨의 경우 근로소득세가 적용되며 6~38퍼센트까지의 소득 구간별 세율을 적용받는다. A씨는 근로 소득에

대하여 평균 20퍼센트의 세금 및 4대 보험을 납부하게 되며 이는 지출에서 가장 큰 비용이다.

2. 주거비: 매월 나가는 주거비 및 관리비, 도시가스 요금, 전기료 역시 큰 비용이다. 직장 생활을 하는 직장인들의 최소 주거비는 월세를 포함하여 매월 50만 원 이상이며 이는 지출에서 큰 부분을 차지한다. (서울일 경우 더 많은 주거비가 예상된다.)

3. 통신비: 2년마다 휴대폰을 바꾸는 요즘 사람들의 특성상 통신비는 휴대폰 단말기 비용＋요금이며, 집에서 이용하는 TV, 인터넷 등의 비용을 포함하면 매월 총 통신비가 10만 원씩 나가게 된다.

4. 교통비: 대중교통을 매일 이용한다고 할 때 편도 1000원 기준 매월 6만 원의 교통비를 지출하게 된다.

5. 기타 경조사비: 직장인은 평균적으로 매월 2회 정도 경조사에 참석하는데, 5만 원씩 경조사비를 부담할 경우 매월 10만 원씩 지출하는 셈이다.

6. 용돈: 매월 용돈을 40만 원 정도로 가정했는데, 이는 기본적인 생활만 한다고 가정했을 때의 금액이다.

위의 내용 중 특별히 아낄 돈이 있는가? 사실 위의 비용들은 사치를 위한 비용들이 아니다. 우리가 살아가기 위해서 필요한 평균적인 비용을 나열한 것이다. A씨의 연봉이 4000만 원이라고 가정하면 실수령액은 3200만 원, 월급으로 치면 266만 원 정도가 된다. 이 중위에 언급한 기본적인 비용이 116만 원 정도 나가고 매월 저축할 수 있는 돈은 최대 150만 원 정도이다. 1년 동안 성과급을 200만 원 정도 더 받는다고 했을 때 A씨가 1년 동안 모을 수 있는 돈은 2000만 원이 한계이다.

거짓말 같은가? 주변에 신입 사원으로 입사한 청년들을 보라. 요즘 같은 취업난에 하나같이 엄청난 경쟁률을 뚫고 입사한 우수한 인재들이다. 그 회사가 대기업이나 공기업이라면 더욱 그렇다. 대부분 명문대 출신으로, 하나같이 높은 스펙에 외국어를 몇 개씩 할 수 있는 우수한 인재들이다. 그 정도 돼야 4000만 원 이상의 높은 연봉을 받으며 근무할 수 있는 자격이 주어지는데, 이런 사람들조차 1년에 2000만 원을 모으려면 정말 최소한의 생활만 유지해야 하는 셈이다. 대부분의 신입 사원들은 이것보다 덜 벌며, 덜 모을 수밖에 없는 현실이다. 남자의 경우 군복무와 학업을 마치고 사회에 처음 발을 내딛는 나이가 28세인데 요즘은 취업난 때문에 대학원 진학, 졸업 연장 등으로 30세에 사회에 첫발을 내딛는 경우가 대다수이다. 그런데 사회 초년생에게는 1500~2000만 원 정도의 학자금 대출이 있다. A씨처럼 대기업이나 공기업에 취직해야만 열심히 일한 1년 만에 학자금 대출을 다 갚을 수 있는 구조이다.

근속 연수가 길어질수록 연봉이 오르고 그러면 더 많은 돈을 모을 수 있으니 문제가 없지 않느냐고 반문할지도 모른다. 이 말은 맞기도 하고 틀리기도 하다. 분명히 근속 연수만큼 더 많은 연봉을 받게 된다. 여기에는 이견이 없다. 물가상승률만큼 오르지 못하는 연봉에 대해 이야기하면서 여기에 반박하고 싶은 생각도 없다. 다만 내가 이야기하고 싶은 것은 금융 교육을 받지 못한 우리는 이때부터 잘못된 선택을 하기 시작한다는 것이다. 나는 이것을 한마디로 요약할 수 있다.

> **"사람들은 좋은 자산이 아닌 나쁜 자산을 사며 그것을 좋은 자산이라 굳게 믿는다"**

이제 A씨가 어떻게 금융 활동을 해나가는지 알아보자. 1년을 열심히 근무한 A씨는 자신의 학자금 대출을 1년 만에 다 갚아버렸다. A씨의 사회생활 시작 후 첫 번째 금융 활동은 '학자금 대출 상환'이다. 비로소 빚으로부터 해방된 A씨는 2년차 직장인이 되자 연봉도 5퍼센트 인상되었다. 기존 4000만 원에서 4200만 원으로 연봉이 인상되었지만 연봉 인상에 따라 세금, 4대 보험 등의 비용도 함께 인상되었다. 연봉은 200만 원이 인상되었지만 실수령액으로 따지면 150만 원 정도 인상된 것인데, 따라서 A씨의 연간 저축액은 2000만 원에서 2150만 원으로 늘어났다.

31세가 된 A씨는 결혼을 약속한 여자 친구와의 데이트를 위해 1000만 원의 선납금과 1500만 원의 할부로 자동차를 구입하였다. A씨의 두 번째 금융 활동은 '자동차 구입'이다. 2년이 지난 후 A씨는 여자 친구와 결혼식을 올리고 신혼집에서 꿈같은 신혼 생활을 시작하였다. 혼수 마련 및 신혼여행, 웨딩 촬영 등 결혼식 비용으로 4000만 원을 쓰고 20평 신혼집을 보증금 5000만 원, 월세 80만 원에 계약했다. A씨의 세 번째 금융 활동은 '결혼'이다. A씨는 결혼 후 부부가 함께 경제 활동을 하며 소득이 늘었지만 결혼 생활 2년 만에 아이가 생겼다. 가족이 한 명 늘어나면 당연히 비용이 늘어난다. 아이의 분유, 기저귀, 옷 등 매년 들어가는 비용이 최소 500만 원 이상이다. (나는 절대로 출산이 나쁜 것이라 이야기하는 것이 아니다. 다만 평생의 현금 흐름에 대한 이야기를 하기 위해 대부분 사람들의 생애 주기에 따른 현금 흐름을 보여주는 것일 뿐이다.) 설상가상으로 육아 때문에 아내가 일을 그만두게 되었다. A씨의 네 번째 금융 활동은 '출산'이다.

20평 신혼집은 세 가족이 살기에는 좁게 느껴져 A씨는 정부에서 빌려주는 내 집 마련 저리 대출을 이용하여 28평 집을 구입했다. 3억 2000만 원짜리 아파트를 내 집 마련 담보 대출을 통해 3퍼센트의 금리로 2억 원을 대출받아 마련했다. A씨의 다섯 번째 금융 활동은 '내 집 마련'이다. A씨는 이 집을 사기 위해 대출한 금액을 20년간 분할하여 상환하게 된다. 학교생활을 시작한 아이의 교육비 증가로 이 상환 시기에는 사실상 저축이 거의 불가능하다. 대출금 상환을 마칠 때쯤 A씨는 어느새 50대가 되어버리고 자녀도 훌쩍 커서 결혼을 하게 된다. 자녀의 결혼에 조금이라도 보탬이 되고자 '자녀의 결혼 자금을 지원'해주게 되는데 이것이 A씨의 여섯 번째 금융 활동이다. 이제 자녀도 결혼하고 A씨도 회사에서 자의 반, 타의 반으로 퇴직하게 된다. A씨의 일곱 번째 금융 활동은 '은퇴 후 노후 자금'이다.

A씨의 인생을 살펴보니 어떠한가? 어딘가 익숙하고 많이 보아온 삶이 아닌가? 사실 이것이 우리들의 일반적인 삶이다. 우리들의 아버지의 삶이기도 하고, 바로 우리가 살고 있는 삶이기도 하다. 나는 이 일곱 가지 금융 활동을 부정하는 것이 아니다. 이 모든 것이 중요한 일이며, 꼭 필요한 일이라는 것에 공감한다. 하지만 나는 이 일곱 가지 금융 활동이 당신을 더 가난하게 만들 수 있다고 확신한다. 이 일곱 가지 금융 활동을 좀 더 자세히 살펴보고, 왜 이 금융 활동이 당신을 가난하게 만들 수밖에 없는지 알아보자.

당신의 일곱 가지 금융 활동

앞서 살펴보았던 금융 활동을 하나씩 살펴보자. 여기서 말하는 금융 활동이란 우리의 생애 주기에 따라 큰 현금 유·출입을 발생시키는 활동을 이야기한다. 다시 말해 삶에서 가장 큰 영향을 미치는 사건들을 금융 활동에 초점을 맞춰 재조명해본 것이다. 본격적인 설명에 앞서 나는 아래의 과정들이 중요하지 않거나 생략될 수 있다는 이야기를 하려는 것이 아님을 분명히 하고 싶다. 나는 이 과정들이 모두 중요한 과정이며, 삶을 행복하고 풍요롭게 하는 과정임을 의심하지 않는다. 다만 이 과정들이 우리 금융 생활에 어떤 영향을 끼치며, 어떤 문제점을 안고 있는지 알아보고자 할 뿐이다. 그럼으로써 더 현명하게 이 과정들을 즐길 수 있도록 도와주고 싶을 뿐이다. 지금부터 한 과정씩 알아보도록 하자.

첫 번째 금융 활동은 '학자금 대출 상환'이다. 물론 이 과정을 거치지 않는 사람도 있다. 대학교 4년 동안 장학금을 받으며 학교를 다녔거나 아니면 대학교를 진학하지 않은 경우, 또는 부모님이 모든 학자금을 다 지원해주는 경우이다. 이런 경우를 제외하고는 대부분이 평균 1500~2000만 원의 학자금 대출을 받는다. 이를 갚기 위해서는 사회생활 시작 후 1~2년간 모은 돈을 모두 학자금 대출 상환에 써야 한다. 이 과정을 요약하면 아래와 같다.

- 첫 번째 금융 활동: 학자금 대출 상환
- 소득: 1~2년간 근로 소득(월급)
- 비용: 기본 비용 + 학자금 대출 원금
- 잔여 금액: 0원

두 번째 금융 활동은 '자동차 구입'이다. 학자금 대출을 상환한 뒤 자동차를 구매하는 경우가 가장 많다. 그런데 자동차는 구입비뿐 아니라 유지비나 보험료 등의 비용을 발생시킨다. 보통 사회 초년생이 많이 구입하는 자동차는 2000~2500만 원 수준의 준중형차인데, 자동차 구입에 부족한 금액은 주로 오토론 등의 자동차 캐피털을 이용한다. 그러면 오토론에 따른 이자를 매월 지불해야 한다. 또한 자동차 구입에 따른 재산세 등도 납부해야 한다. 이 과정을 요약하면 아래와 같다.

- 두 번째 금융 활동: 자동차 구입
- 소득: 2년간 근로 소득
- 비용: 기본 비용 + 자동차 구입비(선금 1500만 원)
  + 자동차 오토론(연간 520만 원, 2년 분할 상환)
  + 자동차 유지비(연간 300만 원)
- 잔여 금액: 0원

자동차는 어차피 자산이 아니냐고 반문할 수도 있다. 물론 자동차는 자산이다. 다만 시간이 지날수록 그 가치가 줄어든다. 그렇기에 신차를 샀다가 중고차로 팔려고 매물로 등록하면 가격이 떨어지는 것이다. 가치가 줄어드는 것을 감가상각이라고 하는데 자동차는 매년 감가상각이 된다. 자동차 자체의 가치가 줄어드는 것뿐 아니라 매년 비용을 발생시킨다. 보험료, 유지비, 재산세 등으로 연간 300만 원의 비용이 발생한다. 가치가 매년 10퍼센트씩만 줄어든다고 해도 연간 300만 원의 유지비와 감가상각 250만 원을 더하면 550만 원씩 비용이 나가는 셈이다.

나는 절대로 자동차가 필요 없다고 이야기하는 것이 아니다. 나 또한 자동차를 소유하고 있으며, 자동차를 통해서 많은 만족과 행복을 느끼며 살고 있다. 다만 여기서 자동차 구입을 두 번째 금융 활동으로 넣은 이유는 자동차가 발생시키는 많은 비용을 인지해야 하기 때문이다.

세 번째 금융 활동은 '결혼'이다. 결혼을 금융 활동으로 넣는 것에 의아해하는 사람이 많다. 앞서 말한 대로 여기서 이야기하는 금융 활동이란 삶에서 큰 현금이 유·출입되는 활동들을 뜻하므로 결혼은 분명 세 번째 금융 활동으로 볼 수 있다. 한 결혼업체에서 최근 2년간 결혼한 신혼부부의 결혼 자금을 조사한 결과 평균 2억 원을 사용한 것으로 집계되었다. 상황이 이렇다 보니 결혼 평균 연령은 점점 늦어지고 있는 추세이다. 이 중 주거를 마련하기 위한 돈이 1억 6000만 원 정도이며, 결혼식을 위한 비용만 4000만 원 정도라고 하니 결혼을 세 번째 금융 활동으로 보는 것이 결코 무리는 아닐 것이다.

사실 이런 거액의 금액을 마련하여 결혼한다는 것은 거의 불가능에 가깝다. 그래서 대부분의 예비부부는 금융권의 도움을 받는다. 먼저 신혼집 마련을 위해 전세자금 대출이나 부동산 담보 대출을 이용한다. 부동산 담보 대출을 이용하여 집을 구입하고 신혼 생활을 시작하는 부부도 많지만 대부분 집을 구매하기보다는 빌려 사는 전세나 월세의 형태로 주거를 마련한다. 주거를 마련하기 위해 은행에서 빌린 돈은 이자를 발생시키고, 관리비, 도시가스 요금, 전기료, 상수도 요금 등의 비용도 발생하게 된다. 또한 결혼식에 필요한 4000만 원은 주거비와는 별도로 소요되는 비용이다. 이런 금융 활동을 요약하면 다음과 같다.

- 세 번째 금융 활동: 결혼
- 소득: 3년간 근로 소득(신혼부부 합산)
- 비용: 기본 비용 + 자동차 유지비 + 전세자금 대출(1억 1000만 원) + 주거비(연간 600만 원, 이자 포함) + 결혼 준비 비용(4000만 원)
- 잔여 금액: −6000만 원 (전세자금 대출금 1억 1000만 원 − 자기 자본 5000만 원)

잔여 금액이 −6000만 원인 이유는 은행에서 전세자금을 대출했기 때문이다. 전세금 마련을 위한 1억 6000만 원 중 은행 대출 1억 1000만 원을 제외한 5000만 원과 결혼식 비용에 소요되는 4000만 원 등 총 9000만 원은 결혼 전 남녀가 3년의 근로 소득으로 함께 모아야 하는 돈이다. 이는 어디까지나 현재 우리나라의 평균 결혼 비용일 뿐이며, 상황에 따라서 훨씬 많게 혹은 훨씬 적게 비용을 관리할 수 있다.

네 번째 금융 활동은 '출산'이다. 결혼을 하면 가족계획을 세우고 아이를 가지게 된다. 아이를 출산할 때 산후조리원을 비롯해 출산과 산모 회복을 위해 드는 비용은 1000만 원 정도이다. 그리고 우리나라의 평균 육아 비용은 매월 50만 원 정도이다. 분유, 기저귀, 아이 옷 등의 비용으로 연간 600만 원 정도가 소요되는 것이다. 육아 비용보다 큰 문제는 육아로 인한 여성의 휴직 또는 퇴직으로 부부 합산 소득이 줄어드는 점이다. 아이를 어린이집이나 유치원에 보내게 되면 육아 비용은 더욱 증가한다. 이것을 요약하면 다음과 같다.

- 네 번째 금융 활동: 출산
- 소득: 5년간 근로 소득(외벌이)
- 비용: 기본 비용 + 자동차 유지비 + 전세자금 대출 상환 + 주거비 + 출산 시 1000만 원 + 육아비(매년 600만 원) + α
- 잔여 금액: 0원

다섯 번째 금융 활동은 '내 집 마련'이다. 아이가 자라게 되면 학교 입학 등의 문제로 고민하게 되고, 2년마다 돌아오는 전세 만기에 잦은 이사에 대한 고민 역시 시작된다. 또한 서너 명의 가족이 살기에는 결혼 당시 살던 집이 좁게 느껴진다. 그래서 30대 후반~40대 초반에 내 집 마련에 대한 욕구가 커지게 되며 이 시기에 집을 구매하는 경우가 가장 많다. 서울이나 수도권이 아니더라도 주요 도시의 27~32평 아파트는 3억 원 정도의 매매가를 형성하고 있는데, 이를 구입하기 위해 부동산 담보 대출을 이용하게 된다. 기존의 전세금에 부족한 돈 2억 원을 담보 대출로 받아 집을 사게 되는데, 대출금 2억 원에 대해서는 매년 이자 비용이 발생한다. 게다가 담보 대출은 거치 기간(보통 최대 10년까지 조정 가능)이 지나면 원금 상환이 시작된다. (전세자금 대출의 경우 전세 기간 동안 전세권을 담보로 돈을 빌려주어 거치 기간 없이 전세권 해지 시 원금을 일시 상환하게 되며 전세자금 대출에 따른 이자만 내게 된다.) 이를 요약하면 다음과 같다.

- 다섯 번째 금융 활동: 내 집 마련
- 소득: 20년간 근로 소득
- 비용: 기본 비용 + 자동차 유지비 + 주거비 + 육아비 + 주택 담보 대출 이자(700만 원, 거치 기간 내) + 주택 담보 대출 원금(1000만 원, 20년 원금 분할 상환 시)
- 잔여 금액 : 0원

여섯 번째 금융 활동은 '자녀의 결혼 자금 지원'이다. 주택 담보 대출의 원금 상환이 끝날 무렵 어느덧 자녀가 자라 결혼할 나이가 된다. 앞서 살펴본 대로 결혼은 많은 비용을 발생시키며, 부모의 지원이 전혀 없는 상태에서는 사실상 결혼을 하기가 쉽지 않다. 한 결혼회사의 조사에 따르면 자녀의 결혼 비용 지원으로 자녀 한 명당 평균 5100만 원 정도를 지출한다고 한다. 우리나라 현실에서 자녀의 결혼 시점은 부모의 은퇴 시점과 거의 유사하기 때문에 자녀의 결혼 자금 지원은 부모의 노후 준비 자금에 영향을 미친다. 그럼에도 불구하고 대부분의 부모가 자녀의 결혼 자금을 지원하며, 자녀가 두 명 이상일 때는 두 배 이상의 결혼 자금 지원이 필요하다.

- 여섯 번째 금융 활동: 자녀의 결혼 자금 지원
- 소득: 2년간 근로 소득(자녀 1명 기준)

－ 비용: 기본 비용 ＋ 자동차 유지비 ＋ 주거비 ＋ 자녀의 결
혼 자금 지원(자녀 1명당 5100만 원)
－ 잔여 금액: 0원

　일곱 번째 금융 활동은 '은퇴 후 노후 자금'이다. 현재 우리나라의 정년은 58세이며, 일부 기업에서는 정년을 연장하기도 하지만 실제로 정년까지 회사를 다니는 경우는 그렇게 많지 않다. 구조조정 및 발령 등 다양한 형태로 퇴직을 권고하고 있는 실정이며, 52세가 넘어가면 언제 나갈지 장담할 수 없는 상태가 되어버리는 것이 현실이다. 정년까지 회사를 다닌다고 해도 30세가 넘어 결혼하는 현실을 생각하면 자녀가 결혼하기 전에 은퇴하는 경우가 대부분일 것이다. 은퇴의 가장 큰 문제는 유일한 소득이었던 근로 소득이 멈춘다는 것이다. 물론 65세부터 지급되는 국민연금이 있지만 국민연금의 소득 대체율은 30퍼센트에 불과하다. 설상가상으로 국민연금 또한 인구 구성의 변화 속에서 빠른 속도로 고갈될 것이다. 따라서 현재 청년층이 은퇴할 시점에는 국민연금을 현재 수준으로 받을 가능성이 희박하다.

　그렇다면 은퇴 후 필요한 노후 자금은 얼마나 될까? 2015년 기준 우리나라의 평균 수명은 81세이다. 은퇴 시기가 58세이므로 은퇴 후 23년을 더 살게 된다. 은퇴로 인하여 근로 소득은 멈추지만 각종 기본 비용은 그대로이다. 식비, 주거비, 통신비, 교통비 등 기본적인 비용으로 부부 합산 월 200만 원 정도 지출한다고 하면 연간 비용은

2400만 원 정도이다. 이를 평균 수명까지 계산하면 5억 5000만 원 정도이다. (인플레이션이 발생하면 돈의 가치가 떨어지지만 여기서는 이런 현상을 고려하지 않고 현재 가치를 기준으로 이야기하겠다.) 65세부터 수령하는 국민연금의 총합은 소득 대체율 30퍼센트를 반영하였을 때 1억 1000만 원 정도이므로 은퇴 후 최소 생활을 유지하는 데에는 4억 4000만 원 정도가 부족하다. 또한 퇴직 시 받는 퇴직금은 근속 연수 30년을 기준으로 1억 5000만~2억 원 정도이므로 여전히 2억 5000만 원가량 부족하다. 자신의 주택을 담보로 연금을 지급하는 주택 연금 제도가 있지만 병이 들거나 다쳐 병원 신세라도 진다면 상황은 더 심각하다. 일곱 번째 금융 활동을 요약하면 다음과 같다.

- 일곱 번째 금융 활동: 은퇴 후 노후 자금
- 소득: 65세 이후 연금(소득 대체율 30퍼센트) + 퇴직금
- 비용: 기본 비용 + 자동차 유지비 + 주거비 + 병원비
- 잔여 금액: 10년 안에 소진(퇴직금 − 각종 비용)

나는 당신에게 절망감을 안겨주고자 이런 이야기를 하는 것이 아니다. 이는 지금 이 시대를 살아가는 우리들의 일반적인 삶일 뿐이다. 그렇다고 노후를 대비하기 위해 펀드에 더 많이 가입하라거나 보험을 많이 들어두라는 이야기를 하려는 것도 아니다. 다만 당신이 현실을 알았으면 한다. 외면하고 싶을지도 모르겠지만 이것이 이 시대를 살아가는 우리들 대부분의 현실이다. 만약 당신이 이 책

을 읽지 않았다면 똑같은 삶의 과정을 밟아나갔을지도 모른다. 나는 이 책을 통해서 새로운 금융적 삶을 이야기할 것이다.

무엇이 문제일까?

생애 주기에 따른 일곱 가지 금융 활동을 요약하면 아래 표와 같다.

순서	금융 활동	나이	소득	비용	잔여 금액
첫 번째	학자금 대출 상환	28~29	근로 소득(2년)	기본 비용+ 학자금 대출 상환	0원
두 번째	자동차 구입	30~31	근로 소득(2년)	기본 비용+자동차 구입 비용+ 자동차 유지비	0원
세 번째	결혼	32~34	부부 합산 근로 소득(3년)	기본 비용+자동차 유지 비용+전세자금 대출 이자+주거비+ 결혼 준비 비용	-6000만 원 (전세자금 대출금)
네 번째	출산	34~38	근로 소득(5년), 육아로 인한 퇴직	기본 비용+자동차 유지 비용+전세자금 대출 상환+주거비+ 육아비	0원
다섯 번째	내 집 마련	39~58	근로 소득(20년)	기본 비용+자동차 유지 비용+주거비+ 육아비+주택 담보 대출 이자+주택 담보 대출 원금	0원
여섯 번째	자녀의 결혼 자금	59~60	근로 소득(2년)	기본 비용+자동차 유지비+주거비+ 자녀의 결혼 자금 지원	0원

순서	금융 활동	나이	소득	비용	잔여 금액
일곱 번째	은퇴 후 노후 자금	61~81	퇴직금＋65세 이후 연금 (소득 대체율 30%)	기본 비용＋자동차 유지비＋주거비＋병원비	10년 안에 소진

생애 주기별 일곱 가지 금융 활동

무언가 이상하지 않은가?

> **"매년 비용의 종류는 다양해지는데 소득의 종류는
> 오직 근로 소득과 연금밖에 없다"**

연금 역시 근로 소득의 일정 부분을 적립하는 형태이기 때문에 사실상 근로 소득 이외의 소득이 없는 셈이다. 우리는 학교에서 근로 소득을 위한, 즉 노동을 위한 교육을 받고 그러한 교육을 이수한 후 노동 현장으로 나간다. 노동의 종류에 따라 소득이 차이 나기는 하지만 이 역시 근로 소득 안에서의 이야기이다. 나는 노동을 통해서 돈을 버는 방식을 값지게 생각한다. 하지만 이 소득의 가장 큰 문제는 노동이 멈출 때 소득이 멈춘다는 것이다.

위의 표를 보면 일곱 가지 금융 활동을 통해서 비용의 종류가 늘어나는 것을 확인할 수 있는데, 비용이 늘어나는 속도에 비해 유일한 소득인 근로 소득이 늘어나는 속도는 현저하게 떨어진다. 더 솔직하게 말해서 우리는 금융권의 대출 없이는 일곱 가지 금융 활동을 할 수 없다. 문제는 명확하다.

"비용은 늘어나지만
소득은 늘어나지 않는 것이다"

문제가 명확하기 때문에 해결책도 명확하다. 비용을 줄이거나 소득을 늘리는 것이다. 위의 일곱 가지 금융 활동은 절대 사치가 아니다. 인생을 살아가는 데 필요한 최소한의 금융 활동이다. 따라서 나는 절대로 '비용을 줄여라'라고 이야기하고 싶지 않다. 사실 외식을 덜 하거나 조금 더 좁은 집으로 이사 가거나 차를 팔아버리는 것 같은 방법 외에는 비용을 줄일 수 있는 방법이 없다면 그렇게 줄인 비용으로 얼마나 많은 돈을 더 모을 수 있겠는가? 그렇다면 할 수 있는 방법은 유일하다. '소득을 늘리는 것'이다.

근로 소득을 늘리라는 것이 아니다. 대부분 사람들이 근로 소득을 올리기 위해 인생을 '올인' 한다. 그래서 회사에서 더 열심히 일하거나 자격증을 더 많은 취득하거나 연봉을 더 많이 주는 회사로 이직한다. 이 방법의 가장 큰 문제는 근로 소득을 올리기 위해 더 많은 자기 시간을 희생한다는 것이다. 즉, 사랑하는 가족들과 보내는 시간, 아이와의 추억을 희생하는 것이다. 이런 선택은 스스로를 '돈 버는 기계'로 만들고 만다. 회사에서 열심히 일하지 말라는 이야기가 아니다. 이 책을 통틀어 하고 싶은 이야기는 당신의 '근로 소득'을 '자산 소득'으로 바꾸라는 것이다. 나는 그런 활동이 당신의 '경제적 자유'를 달성하는 데 큰 도움을 준다고 확신한다. 경제적 자유란 당신이 노동을 멈추어도 당신의 모든 비용을 충당할 수 있는 소득이

들어오는 상태이다. 나는 그것이 금융 교육을 통해 가능하다고 믿는다. 그리고 이 책은 당신의 기본적인 금융 마인드를 바꾸어놓을 것이다.

정리하면, 일곱 가지 금융 활동의 문제점은 비용은 빠르게 늘어나는 반면 소득은 아주 적게 늘어난다는 것이다. 따라서 소득을 늘려야 하며, 근로 소득을 자산 소득으로 전환해야 한다.

누가 내 월급을 옮겼을까?

직장인이 월급을 받은 후 월급을 소진하는 데까지 걸리는 시간은 평균 20일이라고 한다. 다음 월급날까지 신용카드나 마이너스 통장으로 생활하는 경우가 대다수다. 월급 받는 날에 맞춰 각종 비용이 나간다. 가장 먼저 정부에 세금을 납부하고 4대 보험을 납부한다. 그리고 세금과 4대 보험이 빠져나간 실수령액에서 매월 고정 비용을 지출한다. 고정 비용은 아래와 같이 분류할 수 있다.

1. 주거비: 관리비, 도시가스·전기·상하수도 요금, 대출 이자, 세금(재산세)
2. 교통비: 유류비, 보험료, 자동차 세금(재산세)
3. 생활비: 식비, 의류비, 외식비
4. 통신비: TV·인터넷·휴대폰 요금

5. 교육비: 자녀 학원비

6. 기타: 경조사비, 비상금, 용돈

　주거비의 경우 주거 형태 및 평형에 따라 차이는 있겠지만 관리비, 도시가스·전기·상하수도 요금으로 매월 20만 원 정도 지출하며, 통상적으로 전세자금이나 주택 구입 자금 대출에 따른 이자로 30만 원 정도 지출한다. 이렇게 주거에 대한 비용이 매월 50만 원씩 고정적으로 나간다. 교통비의 경우 자동차 유류비 매월 20만 원, 보험료 및 자동차 세금을 합해 10만 원(월별로 분할해 계산), 이렇게 매월 30만 원씩 고정적으로 나간다. 생활비는 기본 식비 30만 원, 외식비 10만 원, 의류비 10만 원 정도로 최소한으로 잡아도 매월 50만 원씩 지출하게 되며, 통신비 역시 TV, 인터넷, 가족별 휴대폰 비용을 합하면 20만 원씩 매월 고정적으로 지출하게 된다. 교육비는 자녀의 학원비 등으로 최소 40만 원씩은 매달 지출하게 되며, 기타 매월 발생하는 경조사비, 비상금, 용돈으로 60만 원의 비용을 지출하게 된다. 월별 손익을 표로 나타내면 아래와 같다.

월급	450
비용 총합	300
세금 및 4대 보험	50
주거비	50
교통비	30
생활비	50

통신비	20
교육비	40
기타	60
잔액	150

월별 손익 (단위: 만 원)

위의 표에 나오는 월급은 대한민국 직장인의 평균 월급으로 40대 초반 정도 직장인의 월급이다. 그리고 각 항목별 비용은 최소 비용을 가정한 것이다. 따라서 위의 표에서와 같이 모든 비용을 제하고 매월 150만 원이 남는다는 것은 쉽지 않은 일이며, 설사 이렇게 모은다고 해도 매년 모을 수 있는 돈은 2000만 원을 넘기기 어렵다. 그래서 우리는 이직을 통해 월급을 더 많이 받을 수 있는 회사로 옮기거나 각종 비용을 줄이는 일에 몰두한다. 하지만 이는 금융 교육을 제대로 받지 못한 우리의 한계다.

사실 우리의 월별 손익은 기업의 손익 계산서와 똑같은 것이다. 따라서 월별 손익을 손익 계산서로 바꿔보면 다음 표와 같다.

매출액	월급	450
매출원가 + 판관비	비용 총합	300
	세금 및 4대 보험	50
	주거비	50
	교통비	30
	생활비	50
	통신비	20
	교육비	40
	기타	60
순이익	잔액	150

월별 손익 계산서 (단위: 만 원)

기업과 마찬가지로 각 가정도 벌어들이는 총수익을 매출액이라고 하고, 각종 비용을 매출원가 또는 판관비로 분류한다. 그리고 각종 비용으로 지출하고 남은 돈을 순이익이라고 한다. 그런데 손익계산서보다 훨씬 중요한 것이 있다. 바로 자산에 대해서 이야기해주는 재무 상태표이다. 기업은 자신의 돈(자본)과 남의 돈(부채)을 통해 공장과 기계, 그 외 영업 활동을 위해 필요한 것(자산)을 산다. 그리고 그 자산이 돈을 벌기 시작하며 자산이 버는 돈에 대한 손익 현황을 기록한 것이 손익 계산서이다. 다시 말해 손익 계산서는 재무 상태표의 자산에 대한 결과인 것이다. 다음 그림에서 확인할 수 있듯이 자산 활동의 결과가 손익 계산서로 나타나고, 손익 계산서의 순이익이 발생하면 이는 다시 재무 상태표의 자본으로 쌓이게 된다. 지금은 이 개념이 이해되지 않아도 상관없다. 이와 관련한 이야

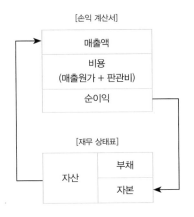

기업의 재무 흐름

기는 차차 자세히 다룰 것이다.

　우리는 이러한 중요한 사실을 모른 채 손익 계산서에만 집중하고 있다. 열심히 손익 계산서만 보고 있으면 우리가 할 수 있는 일이라고는 두 가지밖에 없다. 월급을 더 많이 주는 곳으로 이직하거나 줄일 수 있는 비용을 찾는 것이다. 기업의 활동과 우리 가계의 활동을 비교하면, 누가 우리의 월급을 그렇게 빠르게 다른 곳으로 옮겼는지 알 수 있다.

> **"우리의 가계는 손익 계산서가 아닌**
> **재무 상태표에서 심각한 문제가 있다"**

| 자산 | 부채 |
| | 자본 |

재무 상태표

　기업은 재무 상태표의 자산 부분을 새로운 매출이 발생하는 것으로 채운다. 이를테면 공장이나 기계를 추가로 매입하거나 건물을 매입하는 등의 활동을 통해 신규 매출이 발생하는 자산을 만든다. 하지만 우리는 가계를 그렇게 운영하지 않는다. 위의 생애 주기별 일곱 가지 금융 활동에서 살펴본 대로 자본을 축적하여 학자금 대출이라는 부채를 상환하거나 자동차라는 자산을 산다. 하지만 우리가 만든 자산인 자동차는 손익 계산서상의 매출액을 증가시키지 않는다. 자동차는 손익 계산서에서 더 많은 비용을 증가시키고 우리의 순이익이 작아지도록 만든다. 앞서 살펴보았던 생애 주기별 일곱 가지 금융 활동의 가장 큰 문제점은 모든 금융 활동이 매출액을 증가시키는 진정한 자산을 만들지 않는다는 것이다. 자동차도 마찬가지고 집도 마찬가지이다.

> **❝**이것은 당신의 자산이 좋은 자산이 아닌
> 비용을 증가시키는 나쁜 자산이라는 것이다**❞**

우리의 재무 흐름

　내 월급을 누군가 옮긴 것이 아니다. 다만 우리의 잘못된 금융 활동이 낳은 결과일 뿐이다. 우리는 열심히 자본을 축적해 나쁜 자산을 샀고, 그 나쁜 자산은 더 많은 비용을 발생시키고, 그로 인해 순이익이 줄어드는 악순환의 구조 속에서 살고 있는 것이다.

　다음 장에서는 우리의 잘못된 금융 지식을 바로잡는 이야기를 할 것이다. 올바른 금융 지식을 학습함으로써 당신의 재무 활동을 완전히 바꿀 수 있을 것이라 확신한다.

3장
문제는 금융 지식이다

당신은 돈을 버는 방법을 몇 가지나 알고 있는가?
빚은 나쁜 것인가? 당신이 투자한 것들에 대한 통제권이 있는가?
보유한 주식이나 부동산의 가치가 떨어지면 돈을 벌 수 있는가?
금융 지식의 차이가 당신의 부를 결정한다.

학교에서는 금융이 아닌 수학을 가르친다

우리는 학창 시절 수에 대해 교육받는다. 단순히 수를 더하고 빼고 곱하고 나누는 산수 교육뿐 아니라 미분, 적분 등의 고차원적인 수학까지, 초등학교 때부터 고등학교 때까지 빠지지 않고 수학을 배운다. 그게 다 고등 교육의 기초를 위한 교육이라고는 하지만 나는 공대 출신임에도 사회에 나와 미분, 적분을 사용해본 적이 단 한 번도 없다. 심지어 미분, 적분을 사용해야 하는 일을 하는 사람들조차 대부분 컴퓨터가 대신 계산해준다.

그렇다면 이것은 어떠한가? 모든 사람이 사회에 나가서 돈을 벌지만 그 돈을 어떻게 활용해야 하는지에 대해서는 배운 적이 없다. '돈을 이렇게 활용하세요'라고 이야기하는 사람은 많지만, 대부분이 금융권 종사자들이 상품을 팔기 위해 하는 이야기일 뿐이다. 상품을 팔아야 수수료를 벌 수 있는 구조인 금융권에 종사하는 사람들은 금융 전문가가 아닌 경우가 많다. 다만 금융 상품을 팔기 위해 영업 교육을 받은 사람들일 뿐이다. 당신이 만약 그 금융 상품에 가입하려 한다면 계약서에는 어김없이 이런 이야기가 적혀 있을 것이다.

"당신의 상품이 손해를 볼 경우 금융 회사는 책임지지 않고 그 책임은 당신에게 있습니다"

우리는 이런 사실을 잘 알면서도 위험은 우리가 지고 돈은 금융 회사가 버는 그 구조에서 계약을 체결한다. 우리가 손해를 볼 경우 금융 회사가 수수료를 면제해주는가? 절대로 그렇지 않다. 우리는 수수료도 지불하고 손해도 떠안는다. 우리가 금융에 대해서 무지한 것은 학교에서 금융에 대해 배운 적이 없기 때문이다. 그래서 잘못된 금융 정보에 너무 쉽게 속아 넘어가고 어렵게 모은 돈을 쉽게 잃고 만다.

금융의 중요성을 다음 예를 통해 알아보자. 회사에 신입 사원 두 명이 입사하였다. 둘은 연봉도 같고 재정 상태도 똑같다. 소비 패턴도 비슷해서 둘 다 1년에 2000만 원을 모은다. 금융 지식이 전무한

	1년차	2년차	3년차	4년차	5년차	6년차	7년차	8년차	9년차	10년차	11년차	12년차	13년차	14년차	15년차
	2,000	2,040	2,081	2,122	2,165	2,208	2,252	2,297	2,343	2,390	2,438	2,487	2,536	2,587	2,639
		2,000	2,040	2,081	2,122	2,165	2,208	2,252	2,297	2,343	2,390	2,438	2,487	2,536	2,587
			2,000	2,040	2,081	2,122	2,165	2,208	2,252	2,297	2,343	2,390	2,438	2,487	2,536
				2,000	2,040	2,081	2,122	2,165	2,208	2,252	2,297	2,343	2,390	2,438	2,487
					2,000	2,040	2,081	2,122	2,165	2,208	2,252	2,297	2,343	2,390	2,438
						2,000	2,040	2,081	2,122	2,165	2,208	2,252	2,297	2,343	2,390
							2,000	2,040	2,081	2,122	2,165	2,208	2,252	2,297	2,343
								2,000	2,040	2,081	2,122	2,165	2,208	2,252	2,297
									2,000	2,040	2,081	2,122	2,165	2,208	2,252
										2,000	2,040	2,081	2,122	2,165	2,208
											2,000	2,040	2,081	2,122	2,165
												2,000	2,040	2,081	2,122
													2,000	2,040	2,081
														2,000	2,040
															2,000
합계	2,000	4,040	6,121	8,243	10,408	12,616	14,869	17,166	19,509	21,899	24,337	26,824	29,361	31,948	34,587

(단위: 만 원)

A의 금융 자산 2%

	1년차	2년차	3년차	4년차	5년차	6년차	7년차	8년차	9년차	10년차	11년차	12년차	13년차	14년차	15년차
	2,000	2,140	2,290	2,450	2,622	2,805	3,001	3,212	3,436	3,677	3,934	4,210	4,504	4,820	5,157
		2,000	2,140	2,290	2,450	2,622	2,805	3,001	3,212	3,436	3,677	3,934	4,210	4,504	4,820
			2,000	2,140	2,290	2,450	2,622	2,805	3,001	3,212	3,436	3,677	3,934	4,210	4,504
				2,000	2,140	2,290	2,450	2,622	2,805	3,001	3,212	3,436	3,677	3,934	4,210
					2,000	2,140	2,290	2,450	2,622	2,805	3,001	3,212	3,436	3,677	3,934
						2,000	2,140	2,290	2,450	2,622	2,805	3,001	3,212	3,436	3,677
							2,000	2,140	2,290	2,450	2,622	2,805	3,001	3,212	3,436
								2,000	2,140	2,290	2,450	2,622	2,805	3,001	3,212
									2,000	2,140	2,290	2,450	2,622	2,805	3,001
										2,000	2,140	2,290	2,450	2,622	2,805
											2,000	2,140	2,290	2,450	2,622
												2,000	2,140	2,290	2,450
													2,000	2,140	2,290
														2,000	2,140
															2,000
합계	2,000	4,140	6,430	8,880	11,501	14,307	17,308	20,520	23,956	27,633	31,567	35,777	40,281	45,101	50,528

(단위: 만 원)

B의 금융 지식 7%

A는 모은 돈을 매년 은행에 예금하고(예금 금리는 2퍼센트라고 가정), 금융에 대해 충분히 공부한 B는 자신의 금융 지식을 활용하여 매년 7퍼센트의 수익을 올린다. 15년이 지난 뒤 A와 B의 재정 상태는 어떻게 변할까?

앞의 표에서 확인할 수 있듯이 다른 조건이 똑같은 A, B의 재정 상태는 15년 뒤 큰 차이를 보인다. 은행에 예금만 한 A의 금융 지식은 은행 금리 수준인 2퍼센트이고, 열심히 아껴서 매년 2000만 원의 금액을 저축했다고 하였을 때 15년 후 약 3억 4600만 원의 돈을 손에 쥘 수 있다. 반면 매년 7퍼센트 정도의 투자 수익률을 올리는 B는 15년 후에 5억 원이 넘는 돈을 손에 쥘 수 있다. B가 A보다 무려 50퍼센트의 돈을 더 모은 것이다. 기간이 늘어날수록, 금융 지식의 차이가 커질수록 그 격차는 더 벌어진다. 한때 유명했던 같은 아이돌 그룹의 멤버들이 은퇴 후 시간이 지나 한 사람은 자산가가 되어 있고 한 사람은 빚에 허덕이는 것 역시 금융 지식의 차이 때문이다.

금융 지식은 학교에서 배우는 수학보다 훨씬 중요하다. 수학은 우리가 일을 구하는 데 일정 부분 도움을 줄 수 있다. 하지만 금융 지식은 우리가 부를 축적하는 데 절대적인 역할을 한다. 꾸준한 학습과 경험을 통하여 금융 지식을 쌓아나가는 일은 당신의 부를 위해 절대로 게을리해서는 안 되는 부분이다. 나는 지금도 많은 사람에게 이야기한다.

지금 당장 금융 공부를 시작하라. 당신의 금융 IQ를 은행 금리 수준에서 무한대 수준까지 끌어올려라. 금융 공부의 궁극적인 목표는 금융 IQ를 무한대 수준까지 끌어올리는 것이다. 무슨 말인지 잘 이해되지 않을 것이다. 이렇게 생각하면 간단하다. 만약 당신이 1억 원을 가지고 있다고 가정해보자. 1억 원을 은행에 맡겨 매년 200만 원의 이자를 받는다면 당신의 금융 IQ는 2퍼센트이다. 금융 IQ란 곧 당신의 수익률이기 때문이다. 만약 1억 원으로 특정 회사의 채권을 샀고 그 채권 수익률이 7퍼센트라면 그리고 그 회사가 당신의 투자 기간 동안 망하지 않아서 전액을 회수하였다면 당신의 금융 IQ는 7퍼센트이다.

그렇다면 이것은 어떠한가? 2억 원의 가치가 있는 부동산이 경매에서 3번 유찰되어 1억 3000만 원까지 가격이 떨어졌다. 그 부동산에 보증금은 3000만 원이 걸려 있으며 매년 월세는 50만 원씩 들어온다. 당신은 은행에서 1억 원을 4퍼센트의 금리로 대출받는다. 이자 비용은 1년에 400만 원이며, 수익은 연간 600만 원이다. 당신은 이 부동산으로부터 매년 200만 원의 순이익을 창출할 수 있으며, 당신의 투자 금액은 0이다. 따라서 당신의 투자 수익률은 200만 원/0원, 즉 무한대의 수익률이다.

이 설명이 비현실적인 것 같은가? 실제로 이렇게 투자하는 사람들은 많다. 이런 투자자들을 우리는 진짜 투자자라고 이야기한다. 당신이 무한대의 투자 수익률을 만들어낼 수 있다면, 당신은 당신의 돈을 찍어낼 수 있는 경지에 이르는 것이다. 이것은 더 이상 당신이 노동을 팔아 돈을 벌 필요가 없음을 이야기한다. 무한대 투자 수익률은 레버리지leverage를 통하여 가능하다. 더 쉬운 말로 이야기하자면 부채, 즉 남의 돈을 이용해 투자함으로써 가능해진다. 나의 투자금을 0원으로 하고 위험을 0에 가깝게 만드는 방법을 통해 가능하다. 아래의 예들은 무한대 투자 수익률 또는 레버리지를 활용한 투자 수익률 극대화의 예다.

1. 골프장 사업은 골프장을 만들기 전에 골프장 회원을 모집한다. 회원권 판매와 은행에서 빌린 돈을 통해 사업비를 충당해 사업을 시행한다.

2. 은행은 고객에게 예금을 받고 이를 필요로 하는 많은 사람에게 대출을 한다. 또한 지급준비율에 따라 준비금만을 보유하고 신용 창조를 통해 더 많은 돈을 찍어내어 수익률을 극대화한다.

3. 증권 회사는 펀드를 만들고 많은 사람의 돈을 끌어들인다. 그리고 해당 프로젝트에 더 높은 수익률을 올리기 위해 투자하고 당신에게는 그 수익률보다 적은 수익을 준다. 그리고 손해에 대한 책임은 당신이 진다.

4. 부동산이 경매에 나오면 해당 부동산 가격의 80퍼센트까지 대출이 가능하다.

5. 아파트 분양에 필요한 돈은 선 분양을 통해 조달한다. 건설사들은 땅을 매입할 때 은행에서 최대한 많은 돈을 대출하여 땅을 사고 선 분양을 통해 많은 사람에게 분양권을 팔고 건설비를 확보해 건설을 시작한다. 그래서 분양에 문제가 생기면 건설업의 위기가 은행권의 위기로 번지게 된다.

6. 한 우주왕복선 제조 회사는 우주왕복선을 개발하기 위한 돈을 마련하기 위해 우주왕복 1회권을 선 판매했다. 놀랍게도 모집이 시작되고 얼마 후 실체가 없는 우주왕복선의 우주왕복권 판매가 마감되었으며, 이 프로젝트는 현재 진행 중이다.

위에서 언급한 예 외에도 레버리지를 활용해 투자 수익률을 무한대 또는 무한대에 가깝게 끌어올린 예는 수없이 많다. 내가 이야기하고 싶은 것은 당신도 무한대 투자 수익률을 올릴 수 있다는 것이다. 다만 이를 위해서는 충분한 금융 지식이 필요하다는 점이다. 이제 수학이 아닌 금융을 학습하고 경험하라. 금융에 대한 공부는 당신을 진짜 투자자로 만들어줄 것이다.

돈을 만드는 교육이 아닌 노동을 파는 교육

교육에 대한 이야기를 또다시 하게 되는데, 우리의 교육 목표는 사회에 적합한 노동력을 제공하는 것이다. 이는 구시대적 발상으로 우리 사회는 예전처럼 많은 노동력을 필요로 하지 않는다. 지금의 청년 실업 문제만 봐도 잘 알 수 있다. 우리의 교육이 올바른 방향으로 가고 있다면 어째서 수많은 청년이 일자리가 없어서 눈물짓고 있어야 하는가? 이미 기술의 발전으로 로봇이나 컴퓨터가 사람의 일을 빠르게 대신하고 있는데 여전히 학교에서는 노동을 위한 교육을 시행하고 있다. 많은 미래학자가 앞으로는 센싱 기술과 프로그래밍, 로봇의 발달로 대부분의 일자리가 사라질 것이라고 이야기한다. 그래서 지금의 학생들에게는 기계나 로봇이 대신할 수 없는 창의적인 사고를 가르쳐야 한다. 하지만 말로는 창의력이 중요하다고 하면서 국영수를 바탕으로 한 시험으로 학생들을 평가하여 성적순으로 대학교에 진학시킨다. 그렇게 대학교에 진학한 학생들은 오로지 스펙만을 쌓다가 일부 선택받은 학생들만 사회로의 관문을 통과하고 있다.

나는 이제 학생들이 받아야 할 교육은 노동을 위한 교육이 아닌 금융 지식과 돈을 만들기 위한 교육이어야 한다고 생각한다. 사실 우리는 돈에 대해 부정적 이미지를 갖고 있다. 부를 이루기 위해서는 더 이기적이 되어야만 할 것 같고, 돈에 대해 이야기하는 것은 어디서든 민감하고 꺼려지는 주제다. 가정에서 돈 이야기를 해본 적이 있는가? 아마도 그랬다가 다툼으로 번지거나 서로 감정만 상했던 경험이 많을 것이다. 그래서 부모와 자식 사이에서는 돈 이야기가 더욱 금기시되기도 한다. 돈에 관한 대화에서 부모의 대답은 주로 "네가 알 것 없다" "내가 알아서 할게"다. 사실 그런 대답밖에 할 수 없을 것이다. 계획이 없거나 돈을 잘 운영하고 있지 못하고 어떻게 해야 할지도 잘 모르기 때문이다. 그리고 대부분 잘못된 조언을 따르다 잘못된 결과를 낳곤 한다.

이런 문제점을 잘 알면서도 우리는 같은 교육을 자식 세대에게 강요하고 있는지도 모른다. 나는 금융 교육이 학교에서 이루어질 수 없다면 가정의 식탁에서라도 이루어져야 된다고 생각한다. 자식들에게 가정의 돈에 대한 이야기를 해주고 계획을 공유하라. 그리고 같이 학습하라. 그렇게 해야 당신의 자녀들이 같은 실수를 반복하지 않는다. 같이 의논하고 결정한 사항에서 일어난 실수라면 자녀들도 같이 배우게 된다. 당신의 자녀가 몇 살이든 금융에 관한 세미나를 함께 들어라. 대학교 진학보다 이것이 훨씬 중요하다. 노동이 아닌 금융에 대해서 가르쳐라. 돈을 만드는 교육에 당신과 당신의 자녀가 함께하라. 돈을 만드는 교육은 어려운 것이 아니다. 당신의 생활에서 가능한 일이다. 돈을 만드는 교육의 예를 몇 가지 들어보겠다.

1. 자녀와 아이스크림 가게에 있다. 당신은 자녀에게 물어볼 수 있다. 이 아이스크림 가게의 한 달 매출은 얼마일까? 아

이스크림 가게를 운영하기 위해 한 달에 나가는 비용은 얼마일까? 이렇게 질문하는 순간 당신과 당신의 자녀는 더 이상 아이스크림의 소비자가 아닌 생산자의 입장에서 생각해보게 된다. 아이스크림 가게의 영업시간을 체크해보고 테이블 수를 세어보고 손님들이 평균적으로 앉아 있는 시간을 계산해본다. 종업원은 몇 명인지, 여기 아이스크림 가게의 임대료는 얼마일지도 생각해볼 수 있다. 생산자로서의 사고를 연습하는 것은 돈을 만들기 위한 교육이다. 사실 우리는 소비자로서의 사고에 익숙하다. 하지만 무언가를 소비한다는 것은 누군가 그것을 제공해줬기 때문에 가능한 것이다. 열심히 공부하여 직장에 들어가서 월급을 받는 직장인으로서의 삶은 우리를 소비자의 삶에만 익숙하게 만든다. 그리고 그것은 스스로 돈을 만들어내는 능력을 상실하게 만든다.

2. 주말에 놀이동산에 간다면 놀이동산은 어떻게 돈을 버는지 스스로에게 또 자녀에게 질문해보자. 놀이동산은 입장권과 놀이동산 내에서의 음식, 상품 등을 판매하여 돈을 번다. 그러면 하루에 방문하는 평균 입장객 수는 몇 명일지, 주말과 평일에는 입장객 수가 얼마나 차이가 날지, 놀이동산을 만드는 데에는 돈이 얼마나 필요할지, 그 돈을 어떻게 만들었을지 질문해보자. 이런 질문으로부터 돈을 만드는 교육은 계속된다.

3. 호텔에 갔을 때도 마찬가지다. 호텔의 총 객실 수는 몇 개인지, 그중에 공실은 몇 개나 생길지, 호텔 종업원 수는 몇 명이나 될지, 호텔을 만들기 위한 건설비는 얼마고 부지 매입에는 얼마나 들어갈지, 당신과 자녀의 상상만으로도 당신은 호텔을 경영해볼 수 있다. 그리고 이러한 훈련은 그것을 현실 세계에서 가능하게 만든다. 왜냐면 당신의 이런 생각 훈련은 곧 경영에 대한 시뮬레이션이며, 필요한 돈을 조달할 수 있는 능력까지 훈련한다면 더 이상 상상이 아닌 현실 세계에서 그러한 일을 할 수 있기 때문이다.

4. 양떼 목장 같은 체험 시설에 갔을 때도 입장료는 얼마인지, 몇 명이 양떼 목장을 관리하는지, 그리고 운영 시간 및 입장료는 어떤지 함께 이야기해보고 목장을 경영하기 위해 필요한 부지나 양의 가격을 함께 이야기해본다. 이것 역시 목장 체험을 제공하는 생산자 입장에서의 사고를 훈련시키는 방법이다.

5. 아이가 다니는 학교에서 친구들은 어떤 문제를 안고 있는지 물어보고 그 문제를 어떻게 해결해줄 수 있는지 같이 이야기해보자. 그리고 아이가 문제 해결 방법을 친구들에게 실제로 적용하도록 도와주자. 그 속에서 어떻게 부가가치가 발생하는지 이야기해주고 불편을 해결하며 돈을 만들어낼 수 있는 방법을 이야기해주자.

당신과 당신의 자녀는 이러한 훈련이 필요하다. 그리고 자녀가 더 어릴 때부터 이런 훈련을 받게 되면 일자리를 찾는 대신에 수천 개의 일자리를 만드는 사람이 될 수 있다.

"소비자에서 생산자로 관점을 바꾸는 것은 상당히 중요하다"

생산자로 관점을 바꾸는 순간 당신은 필요한 자금을 조달하는 방법에 대해서 공부해야 하며, 그 자금을 활용하여 자산을 만들어야 하고, 그 자산으로 충분한 수익을 만들어내야 한다. 그리고 그를 바탕으로 매년 자산을 확장시켜 나가야 한다. 이것이 돈을 만들어내는 교육이며, 당신이 다니는 회사가 당신을 활용하여 만들어나가는 세계이다. 즉, 회사는 당신의 노동에 돈을 지불하며 당신의 노동을 활용하여 회사의 자산을 만들어나간다. 다시 말하여 회사는 당신을 활용하여 돈을 만들어낸다.

꼭 기억하라. 당신이 직장을 가졌다는 것은 누군가 당신의 직장을 만든 것이며, 당신의 노동과 시간을 돈과 교환해나가는 것이다. 시간과 노동을 팔아 돈을 받는다는 것은 돈을 지불하는 사람 입장에서는 당신의 시간과 노동이 돈보다 가치 있다는 것이다. 또한 그 사람은 돈을 주고 '시간'을 사는 것이다.

투기를 하며 투자를 한다고
착각하지는 않는가?

투기와 투자의 차이점을 아는가? 우리는 대부분 투기를 하면서 투자를 한다고 착각한다. 당신이 만약 로또를 하나 샀다고 가정해보자. 이것은 투자인가? 아니면 투기인가? 로또를 사며 투자를 했다고 생각하는 사람은 많지 않을 것이다. 왜냐하면 로또를 샀을 때 당첨금을 탈 확률이 너무 작기 때문이다. 또한 당첨될지 안 될지 예측할 수 없고 당첨되지 못하면 로또를 산 돈은 손실로 처리되기 때문이다.

주식은 어떠한가? 특정 회사의 주식을 100만 원 정도 매입했다면 이것은 투자인가, 투기인가? 만약 주가가 오른다면 돈을 벌 것이다. 만약 주가가 떨어진다면 당신은 떨어진 가격만큼 손실을 입을 것이다. 이렇게 생각해보자. 우리는 주식이 오를 것을 기대하며 주식을 매입한다. 주가가 올라 가격 차이에 의해 발생하는 소득을 자본 이득이라고 하는데, 이는 주식뿐 아니라 모든 금융 자산의 가격 상승으로 발생하는 이득을 말하는 것으로 미실현된 경우에는 평가 이익, 실제로 매도하였을 경우에는 매매 차익이 된다. 주식을 매입하였을 때 주가가 떨어지면 당신은 손해를 보게 되는데, 이 손실에 그대로 노출된 상태에서 주식을 하는 것은 투자가 아닌 투기이다. 자본 이득을 위하여 돈을 넣을 때는 충분한 공부와 손실에 대한 충분한 리스크 헤징(위험을 예방하기 위해 조치를 미리 취하는 행위)이 이루어져야 한다. 이러한 안전장치를 바탕으로 자본 이득을 추구할 때 비로소 투자라고 볼 수 있다.

> **"하지만 우리 대부분은 투자가 아닌 투기를 하면서**
> **투자라고 생각하고 있다"**

또 다른 문제는 자본 이득에는 거래 비용과 세금이 많다는 점이다. 주식을 사고팔거나 부동산을 사고팔 때에는 거래 비용이 들며 차익에 대한 양도 소득세 등을 지출하게 된다. 사실 세금은 두 번째 문제로, 가장 큰 문제는 우리가 우리 돈에 대한 통제권을 이미 상실했다는 것이다. 건물을 살 때는 불이 날 경우에 대비해 화재보험을 든다. 자동차를 운전할 때는 자동차 사고에 대비해 자동차 보험을 든다. 그런데 왜 투자할 때는 투자에 대한 보험을 들지 않는가?

> **"당신의 투자에 보험이 없다면**
> **그것은 투자가 아닌 투기일 가능성이 크다"**

큰 범주에서 주식은 로또와 크게 다르지 않다. 당신이 진짜 그 기업의 가치를 숫자로 계산할 수 없다면(이것을 기업 가치 평가valuation라고 한다), 단지 추세만을 따라 주식을 사고판다면 그것은 투기다.

이렇게 생각해보면 어떨까? 당신이 기업을 운영하기 위해 필요한 공장과 부지 그리고 기계를 샀다고 하자. 당신은 이 공장과 기계의 가격이 오를 것이라 예상하며 이런 것들을 사는가? 절대 아닐 것이다. 공장과 기계를 활용하여 무언가를 만들어내고, 그렇게 만든 당신의 제품을 소비자에게 팔아 부가가치를 창출한다. 공장과 기계를 사서 자본 이득을 기대하는 것은 어리석은 짓이다. 공장과 기계는 매년 가치가 줄어든다. 이렇게 줄어드는 감가상각의 가치와 매년 지불해야 하는 인건비, 원료비 등을 합한 모든 비용보다 더 많은 돈을 벌어야 기업은 유지될 수 있다.

많은 기업이 다른 회사의 주식을 보유한다. 하지만 이는 우리의 주식 매입과는 다르다. 기업이 다른 회사의 주식을 사는 경우는 대부분 그 기업과 주식을 매입한 회사가 시너지를 일으킬 수 있거나 기업이 그 회사의 운영권과 통제권을 확보하기 위해서이다. 즉, 기업은 그 회사의 주식 가치를 직접적으로 끌어올리기 위해 주식을 전략적으로 매입한다. 단지 단기적인 자본 이득을 위해 주식을 매입하는 것이 아니다.

이번에는 부동산을 살펴보자. 32평 아파트를 2년 전 평당 1000만 원, 3억 2000만 원에 매입했는데 현재 평당 200만 원 정도 올라서 3억 8000만 원에 거래되고 있다고 가정해보자. 표면적으로 당신은 6000만 원의 수익을 올렸다고 생각할 것이다. 하지만 거래 비용을 포함시키면 얘기가 달라진다. 아파트 거래에 따른 비용은 아래와 같다.

1. 취·등록세: 매입 가격의 1.1%, 352만 원
2. 법무사 수수료: 50만 원

3. 부동산 중개 수수료: 거래 가격의 0.4%, 매입 시 128만 원,
   매도 시 152만 원, 총 280만 원

4. 재산세: 매년 65만 원 × 2년 = 130만 원

5. 양도 소득세: 2년 미만 40%, 2400만 원

6. 거래 비용 총합: 3212만 원

6000만 원의 수익이라고 생각했는데 실제 세금 및 거래 비용을 제한 후 실제 수익은 2800만 원 정도로 매입 가격인 3억 2000만 원 대비 매년 4퍼센트 정도의 수익률(은행의 이자 수익률과 차이가 크지 않다)밖에 발생하지 않았다. 게다가 이는 2년 동안 아파트 가격이 평당 200만 원 상승한 경우, 즉 부동산 가치가 20퍼센트나 상승한 경우다. 부동산 가치가 변하지 않아 같은 가격으로 사고팔았다면 위의 거래 비용 중 양도 소득세를 제외하고 812만 원의 비용이 발생한다. 부동산 가격이 내려가는 경우는 모든 거래 비용뿐 아니라 부동산 손실에 대한 가치 하락분에 대해서도 손실을 입게 된다.

나는 이러한 형태의 부동산 거래 역시 투기로 규정한다. 실제로 "내가 살 때보다 아파트 가격이 1억 원 올랐어" "최근 옆집이 내가 살 당시보다 평당 300만 원이나 오른 가격에 거래되었대" 같은 이야기를 많이들 한다. 그러나 실제 부동산 매각을 통해 현금화시키는 경우가 많지 않을 뿐 아니라 매각으로 이어지더라도 위에서 이야기한 거래 비용을 제하면 자본 이득이 많지 않은 경우가 많다. 그리고 무엇보다도 부동산 가격 하락에 대한 보호 장치가 없으며, 이에 대

한 대비책도 없다.

지금까지 아파트 가격은 아파트가 노후하더라도 재건축을 하여 조합원들에게 분양권을 줌으로써 가치를 유지시켰다. 지금 건설하는 대부분의 아파트가 35층 이상의 고층 아파트인 이유도 그래서이다. 기존 아파트를 재건축하기 위해서는 새로 짓는 아파트의 분양 가격에 조합원들에 대한 보상금까지 다 포함시켜야 하는데 건설사의 수익까지 계산하면 최대한 많은 세대에게 분양할 수밖에 없다. 제한된 땅에 이를 가능하게 하려면 35층 정도로 아파트를 건설해야 경제성이 나온다. 그런데 지금 분양하는 25층 또는 35층 아파트가 노후하기 시작하는 30년 후에는 어떻게 될 것인가? 이때도 모든 조합원들에게 충분한 보상을 해주며 재건축이 가능할까? 재건축을 하려면 두 배 이상의 높이인 50층 이상의 아파트를 만들어야 하는데 그 정도 높이로 건축하려면 공사비가 천문학적으로 나가게 된다. 사실상 50층 아파트의 재건축은 불가능하며, 기술의 발달로 건축비가 획기적으로 준다고 해도 그보다 빠르게 인구가 줄고 있는 현상을 외면할 수 없다.

이처럼 지금 새로 지은 아파트들의 재건축이 불가능하다면, 아파트는 노후화에 따라 가치가 줄어드는 감가상각을 계산하여 그 가치를 평가해야 한다. 지금까지는 급격하게 인구가 증가하여 주택 공급이 부족한 시대를 살았기 때문에 부동산 가격 상승이 가능했지만, 앞으로는 다른 패러다임에서 살게 될 것이다. 따라서 부동산 투기로 돈을 벌 수 있었던 시대에서 진짜 투자를 해야 되는 시대로 바뀔 것이다.

　다시 한 번 묻겠다. 당신이 하고 있는 것이 투자인가, 투기인가? 당신이 투자를 하고 있다면 그 투자는 매년 현금 흐름을 발생시키며 통제 가능해야 한다. 투자 금액에 대한 회수가 가능하며, 목표한 시기 안에 회수가 완료되어야 한다. 투자와 관련한 내용은 이 책 뒷부분에서 자세히 다루도록 하겠다.

금융 지식의 차이가 당신의 부를 결정한다

앞서 금융 지식이 왜 중요한지 그 차이에 따라 결과가 얼마나 달라지는지 알아보았다. 그렇다면 금융 지식이란 무엇인가? 여기서 말하는 금융 지식은 당신이 충분한 수익률을 올릴 수 있는 관련 지식을 이야기한다. 당신은 금융 지식을 쌓기 위해 아래와 같은 공부와 경험을 해야 한다.

　　1. 자산의 종류와 특성
　　2. 자산과 부채의 차이 및 가계의 재무 상태표
　　3. 가계의 손익 계산서 현황
　　4. 순이익의 처분 현황
　　5. 현금 흐름 관리 지식
　　6. 투자 수익률 분석 방법

7. 세금과 관련된 지식

8. 자산 수익률과 자본 수익률의 차이

9. 자금 조달 방법

10. 자산을 보호하기 위한 법률적 지식

11. 경제 트렌드에 관한 지식

12. 금리와 그에 따른 돈의 이동

13. 투자에 대한 리스크 헤징 방법

생소한 용어들과 지식들이지 않은가? 너무 걱정할 필요는 없다. 당신은 실생활과 동떨어진 훨씬 어려운 학문들도 수년 동안 학교에서 배웠다. 그에 비하면 금융 지식은 훨씬 기초적인 공부이다. 싫든 좋든 우리 생활에 밀접하게 쓰이고 있는 것들이기 때문이다. 나는 아직도 왜 학교에서 금융에 대하여 가르치지 않는지 궁금하다. 정작 덜 중요한 것들은 가르치면서 진짜 중요한 금융에 대한 지식은 왜 하나도 가르치지 않는지 잘 이해가 되지 않는다.

나는 이런 교육이 부자들의 식탁에서 이루어지는 것을 종종 봐왔다. 대학교 시절 집이 아주 부유한 몇몇 친구들은 가족과 정기적으로 저녁 식사를 했다. 저녁 식사 시간에 나누었던 이야기는 온통 금융 지식에 관련한 이야기들이었다. 건물을 매입하기 위해 자금을 조달했던 방법에 대한 이야기, 투자한 상품의 수익률과 리스크 헤징에 대한 이야기, 금리 전망과 이에 따른 투자 전략에 대한 이야기 등 식탁에서 이루어지는 이야기는 진짜 금융 지식에 대한 것이었다.

그리고 나는 그 친구들이 부모님과 함께 자산을 매입하고 보호하기 위하여 많은 전문가를 만나는 것을 봤다. 법률적인 자문을 위해 변호사를 만나고, 현금 흐름에 대한 자문을 위해 회계사와 식사를 하며, 자본 조달을 위해 은행원과 이야기를 하는 등 그 가정에서 이루어지는 금융 교육은 자산을 만들기 위한 교육이었다. 보통 우리 가정에서의 저녁 식사 모습과 다르지 않은가? 우리의 저녁 식사에서 돈 이야기는 금기시된다. 돈 이야기는 주로 다툼으로 끝나는 경우가 많고 서로의 이견만 확인하거나 돈을 마치 탐욕스러운 것으로 취급하고 이야기를 덮어버린다.

부자들이 자녀들에게 물려주는 것은 많은 돈이 아니라 많은 돈을 만들 수 있는 금융 지식이다. 부자들은 돈을 찍어낸다. 자신의 노동을 담보로 돈을 버는 것이 아니라 자산을 만들고 자산이 돈을 벌게 만든다. 부자들은 다른 사람들의 시간을 돈을 주고 사기 때문에 시간이 많다. 자신의 노동력을 제공하는 것이 아니기 때문에 진정한 부자들은 시간이 많다. 그리고 해마다 자산을 늘려나간다. 자산이 늘어날수록 현금 흐름은 많아지고 더 부자가 된다. 이것은 금융 지식의 차이이다.

앤드류 니콜 감독의 《인 타임》이라는 영화에서는 모든 비용을 시간으로 계산한다. 커피 한 잔을 먹기 위해서는 4분을 지불해야 하고 스포츠카를 사기 위해서는 59년의 시간을 지불해야 한다. 각자에게 남은 시간은 팔에 표시되며, 주어진 시간을 모두 소진하면 사망한다. 이 영화에서 가난한 사람들은 노동을 통해 시간을 번다. 하지만 하루 음식과 교통비, 집세 등 삶에 필요한 모든 것을 시간으로 계산하고 나면 하루를 겨우 살아갈 정도의 시간밖에 남지 않는다. 그래서 시간을 아끼기 위해 뛰어다니고 항상 바쁘게 생활한다. 시간이 모두 소진되면 죽기 때문에 조금의 여유도 없다. 하지만 부자들은 다르다. 부자들은 몇 세대에 걸쳐 시간을 갖고 누릴 수 있어 모든 것이 여유롭다. 뛰어다니는 사람도 없으며 서두르는 사람도 없다. 시간이 넘치기 때문에 노동을 할 필요도 없다.

이 영화를 보며 우리가 살아가는 현실이 생각났다. 돈을 시간으로 표현했을 뿐이지만 너무도 많은 사람이 하루 번 돈으로 하루를 살아가며, 이것도 턱없이 부족하여 일을 두 가지 이상 하느라 아침저녁으로 일하는 사람들이 많다. 반면 부자들은 사람들이 직장에서 보내는 대부분의 시간에 활동을 한다. 여유 있게 커피를 한 잔 마시기도 하고 다른 사람들 점심시간을 피해 한가로이 점심 식사를 하기도 한다. 내가 사는 집 앞에는 바다가 있는데 평일 오전에 나가면 요트가 참 많이 다닌다. 요트를 타며 시간을 여유롭게 즐기는 사람들과 하루 24시간을 쪼개어 노동하는 사람이 공존하는 세계가 영화와 같은 현실이 아닐까 싶다.

다시 한 번 강조하지만 나는 부가 세습되는 것이 아니라 금융 지식이 세습된다고 확신한다. 만약 많은 돈만이 상속된다면 그 돈은 오래가지 못한다. 또한 아무리 가난한 집에서 태어났어도 훈련을 통해 금융 지식을 쌓으면 충분히 많은 돈을 만들어낼 수 있다. 다만 우리는 그럴 기회가 없었고 학교에서 오직 노동만을 교육받았을 뿐이다. 부자들은 금융 지식을 배우고 그것을 통해 자산을 만든다. 그리고 그 자산은 현금 흐름을 창출한다. 새로운 현금 흐름으로 또 새로운 자산을 만든다. 그리고 이를 반복한다. 그래서 더 부자가 된다. 우리는 노동을 통해 현금 흐름을 만든다. 그리고 그 현금 흐름으로 수익이 아닌 비용을 발생시키는 나쁜 자산을 산다. 그리고 그 나쁜 자산은 비용을 증가시킨다. 그래서 우리는 더 열심히 일한다. 이것을 간단히 그림으로 나타내면 아래와 같다.

부자들은 금융 지식을 공부하기 시작하며, 금융 지식을 통해 자산으로부터 돈 버는 방법을 배운다. 그리고 자산을 만들기 위해 돈을 조달하는 방법인 자금 조달에 대해 공부하고 자산을 만든다. 그래서 부자들의 현금 흐름은 자산으로부터 출발하게 된다. 자산 소

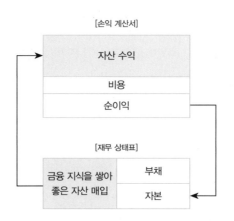

부자들의 현금 흐름

득으로부터 나온 순이익은 새로운 자산을 만들기 위한 자금으로 쓰인다. 새로운 자산을 지속적으로 만들게 되고 현금 흐름은 훨씬 풍부해진다. 이런 과정이 부자를 더 부자로 만든다.

반면 대부분 사람들의 현금 흐름은 근로 소득으로부터 발생한다. 자산이 아닌 노동을 통해 소득을 올리고 남은 돈으로 비용을 발생시키는 나쁜 자산을 사버린다. 그래서 비용이 증가하게 된다. 근로 소득이 증가하는 속도보다 비용이 증가하는 속도가 빠르고 그럴수록 가난해지며 근로 소득에 더 의지하게 된다. 근로 소득에 의지할수록 승진, 이직이 최대의 관심사가 된다. 그리고 승진이나 이직을 통해 근로 소득을 올리기 위해 더 많은 학위를 따거나 자격증을 취득하려고 노력하며 이런 행위는 비용을 더 증가시킨다. 악순환이 시

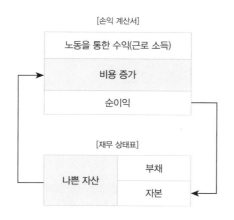

대부분 사람들의 현금 흐름

작되고, 그러다 근로 소득이 끊기면 이 현금 흐름의 구조는 무너지게 된다.

당신은 시간과 돈으로부터 자유롭고 싶은가? 아니면 쫓기면서 살고 싶은가? 선택은 당신 몫이다. 이 책은 돈에 대한 당신의 관점을 완전히 바꿔줄 것이며, 기초적인 금융 지식을 알려줄 것이다. 이 책을 읽고 당장 당신의 가계에 적용해보라. 당신의 내일이, 인생이 달라질 것이라 확신한다. 금융 지식이 당신의 부를, 당신의 인생을 결정한다.

4장

돈에 대한 관점을 바꿔라

달걀을 한 바구니에 담지 마라?
문제는 담을 달걀의 수가 많지 않다는 것이다.
달걀을 많이 낳는 방법을 연구하되
당신이 닭이 되어 달걀을 낳지 마라.
당신이 닭이 되는 순간 평생 달걀만 낳아야 한다.

달걀을 한 바구니에 담지 마라?

"달걀을 한 바구니에 담지 마라." 투자에 관한 유명한 격언이다. 분산 투자의 중요성을 강조하는 말로, 자산 포트폴리오를 한 가지에 집중했을 경우 위험이 분산되지 않는다는 이야기다. 나는 이 말을 좋아하지 않는다.

> **"분산 투자 이전의 더 큰 문제는
> 우리에게 나누어 담을 충분한 달걀이 없다는 것이다.**

여기서 달걀이란 돈을 비유한 것이다. 그리고 닭은 돈을 만드는 주체를 뜻한다. 당신의 연봉이 4000만 원이고 달걀 하나를 1만 원에 비유한다면, 당신은 1년에 4000개의 달걀을 낳는 셈이다. 4000개의 달걀을 낳는 닭은 우리 자신이다. 사실 문제는 여기서부터 출발한다. 우리는 스스로가 닭이 되어 4000개의 달걀을 낳는다. 만약 내년에 8000개의 달걀을 낳고 싶다면 어떻게 해야 될까? 아무리 머리를 써봐도 불가능한 일인 것만 같다. 그렇다면 5000개의 달걀은 가능한가? 아마 당신이 할 수 있는 방법은 올해 어떻게든 승진을 하여 1000개의 달걀을 더 받거나 5000개의 달걀을 주는 회사로 이직하는 방법뿐일 것이다. 우리는 우리 스스로가 닭이 되기를 선택한다. 그리고 매년 더 열심히 달걀을 낳는다. 이렇게 낳은 달걀을 여러 바구니에 담는 것은 어쩌면 우리가 할 수 있는 유일한 방법일지도 모른다.

더 중요한 점은 매년 더 많은 달걀을 낳는 사실이다. 우리의 가장 큰 문제점은 스스로 닭이 되어 달걀을 낳으면서 내년에는 훨씬 더 많은 달걀을 낳을 수 있다고 막연하게 기대하는 점이다. 더 많은 달걀을 원한다면 더 많은 닭을 만들어라. 그것이 더 많은 달걀을 얻기 위해 당신이 반드시 해야 할 일이다. 그러면 어떻게 더 많은 닭을 만들 수 있을까? 생각보다 간단하다.

첫해에 당신이 낳은 달걀로 닭을 산다면 두 번째 해에는 두 마리의 닭이 달걀을 낳을 것이다. 그리고 더 많은 달걀을 얻는다. 그렇게 얻은 두 번째 해의 달걀들로 또 다른 닭을 산다. 닭의 마리 수가 늘어날수록 당신이 매년 가질 수 있는 달걀의 수는 늘어난다. 여러 마리의 닭이 달걀을 낳기 시작하면 당신은 더 이상 달걀을 낳지 않아도 된다. 그리고 이러한 상태는 달걀을 한 바구니에 담든 여러 바구니에 담든 더 이상 중요하지 않다. 달걀을 가지고 있는 것보다 달걀을 낳을 수 있는 닭을 가지고 있는 것이 훨씬 중요하기 때문이다. 그래서 나는 "달걀을 한 바구니에 담지 마라"라는 말을 좋아하지 않는다. 이것은 본질을 흐려버린다. 정말 중요한 본질은 달걀이 아니라 닭에 있다. '더 많은 닭이 달걀을 낳게 하는 것' 이것이 본질이다. 따라서 나는 당신이 새로운 격언을 가슴에 새겼으면 한다. "절대로 달걀을 한 마리 닭이 낳게 하지 말고 닭을 최대한 많이 보유하라."

91쪽의 그림은 닭을 늘려나가는 전략을 표현한 것이다. 첫해의 닭은 자기 자신이며 노동을 통하여 달걀을 낳는다. 그리고 둘째 해에 그 달걀로 새로운 닭을 산다. 그리고 더 많은 달걀로 또 다른 닭을 산다. 그리고 이를 반복한다. 알을 부화시켜 병아리로 만들고 병아리를 닭으로 키우는 방법도 있다. 병아리가 닭이 되면 다시 달걀을 낳기 시작한다. 물론 병아리가 닭이 되는 것은 쉽지 않다. 여러 이유로 닭이 되기 전에 죽어버리기도 한다. 하지만 알을 부화시키

= 직장, 근로 소득자

= 돈을 버는 자산

= 돈

= 창업

닭을 최대한 많이 보유하라

고 부화된 병아리를 닭으로 만드는 방법을 터득하면 더 많은 닭을 적은 비용으로 만들어낼 수 있다. 그리고 그렇게 만든 닭은 무수히 많은 알을 낳기 시작한다.

이 그림에서 연두색 닭은 근로 소득자를, 흰색 닭은 돈을 만들어

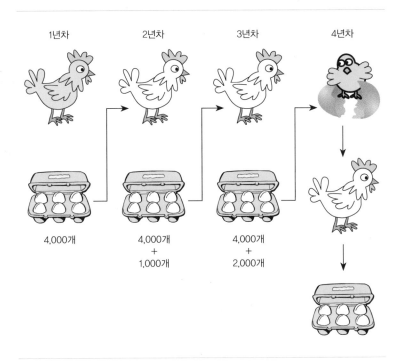

| | 1년차 | 2년차 | 3년차 | 4년차 |

4,000개

4,000개
+
1,000개

4,000개
+
2,000개

내는 자산을, 달걀은 돈을, 알에서 병아리로 부화시키는 것은 자본 투자를 통해 창업하는 것을 비유한다.

근로 소득자라면 자신의 소득 중 4000개의 달걀을 반드시 새로운 닭으로 만들어야 한다. 새로운 닭을 사기 위해 은행에서 달걀을 더 빌릴 수도 있다. 새로운 닭은 다음 해부터 달걀을 1000개씩 더 낳기 시작한다. 그러면 근로 소득으로 기존에 만들어내던 4000개의 달걀과 새로운 닭이 만드는 1000개의 달걀로 두 번째 해에는 5000개의 달걀을 만들어낼 수 있다. 그리고 이 과정을 반복하면 당신은 더 많은 닭을 소유하게 되고 닭이 많아질수록 매년 더 많은 달걀을 만들 수 있다. 그리고 새로운 닭을 사는 대신에 달걀로 병아리를 부화시키는 방법도 배울 수 있다.

이런 방법은 대다수 기업이 사용하는 부의 증식 방법이다. 기업은 한 마리의 닭이 달걀을 낳게 하는가, 아니면 비슷한 닭들을 복제하여 더 많은 닭이 달걀을 낳게 하는가? 기업은 닭을 만들고 닭이 달걀을 낳으면 가장 잘 아는 닭을 다시 산다. 그리고 능숙하게 더 많은 달걀을 낳게 한다. 닭이 달걀을 낳을 수 있는 최적의 환경을 만들어주고 더 많은 달걀을 낳게 한다. 그리고 이것을 더 빠르게 반복한다. 당신은 어떠한가? 평생 자신이 닭이 되어 달걀을 만들다가 병들어 더 이상 달걀을 낳지 못하게 되어버리지는 않는가?

자신이 닭이 되지 마라

우리는 학교에서 스스로가 닭이 되도록 훈련받았다. 스스로 닭이 되어 달걀을 낳는 방법을 배워 달걀을 낳고 그 달걀을 필요한 것들과 바꾼다. 국가는 경제를 이렇게 유지한다. 우리가 경제 시간에 잠깐 배웠던 내용을 정리하자면, 경제는 생산자와 소비자로 구성된다. 누군가는 필요한 제품이나 서비스를 만들고 누군가는 만들어진 제품이나 서비스를 소비한다. 그리고 제품이나 서비스를 이용하기 위해 교환 수단인 돈을 활용한다.

지금부터 당신이 놀랄 만한 이야기를 해주겠다. 우리는 생산자의 역할을 한다고 착각할 수 있지만 대부분 직장인의 역할은 소비자이다. 실제로 제품이나 서비스의 생산에 일조하는 것은 맞지만 경제에서 이야기하는 '생산자'는 생산을 하기 위해 필요한 노동을 제공하는 노동자를 말하는 것이 아니라 생산을 하기 위해 필요한 자본을 제공하거나 직접 그 생산을 운영하는 기업가를 말한다. 자, 생산자와 소비자라는 경제의 두 주체가 있다. 당신이 국가를 운영하는 사람이라면 누구를 지원해주겠는가? 더 많은 소비를 위해 소비자를 지원해주면 생산자의 제품을 더 많이 사서 경제가 원활히 순환될 것 같은가? 이 방법은 인플레이션을 가중시킨다. 시중에 직접 돈을 풀어버렸기 때문에 풍부한 유동성을 알게 된 생산자는 재빨리 가격을 올려버린다.

소비자는 고용되어 받은 월급을 바탕으로 소비를 한다. 국가 전체적으로 봤을 때 소비를 안정적으로 유지 또는 증가시키기 위해서는 고용이 보장되고 더 많은 고용이 이루어져야 한다. 많은 정치인이 고용 지수나 실업률을 이야기하는 데에는 이러한 이유가 있다. 다시 질문으로 돌아가서 국가를 운영하는 입장에서는 생산자를 많이 지원해줄 수밖에 없다. 생산자에게 지원해주며 고용을 안정적으로 유지하고 더 많은 고용을 창출하도록 유도한다. 정부 지원의 방법은 여러 가지가 있다.

1. 각종 세금 혜택을 통해 비용을 줄여준다. 정부 육성 사업군

의 경우 면세 혜택을 주는 경우도 있다. 법인 세율 최대 구간은 22퍼센트인 반면, 개인 소득에 대한 세율 최대 구간은 38퍼센트이다. (영농법인의 경우 면세 혜택을 통해 사업을 육성한다.)

2. 고용 장려를 위해 고용 시 인건비를 지원해준다. 신규로 고용한 인원에 대해서는 인건비의 50퍼센트까지 지원해주는 각종 지원금이 있다.

3. 정부 지원 사업을 통해 지원금을 직접 지원한다.

4. 회계상 투자비를 감가상각이라는 형태로 비용 처리할 수 있게 한다.

5. 사회적 문제를 해결하는 사업의 경우 당위성이 증명될 경우 사업비를 지원해주는 경우가 많다.

6. 기업의 성장 주기에 따라 정부 지원금은 늘어나며, 자금 조달을 위한 시장을 만들어 기업의 자금 조달을 용이하게 해준다.

이 외에도 수많은 방법으로 정부는 생산자(기업가)를 지원하고 있다. 세법을 본 적이 있는가? 두꺼운 세법 책에서 개인을 상대로 한 세법은 몇 쪽 되지 않는다. 거의 모든 내용이 생산자를 위한 세법의 예외 조항들이다. 나는 이것이 불합리하다고 이야기하는 것이 아니다. 모든 나라가 생산자 위주로 지원하는 것은 경제 순환을 위해 당연한 선택이라고 생각한다.

또한 생산자는 생산자가 되기 위해 많은 훈련을 받는다. 가장 안타까운 사실은 학교는 생산자를 양성하기 위한 교육을 하지 않는다는 점이다. 학교는 오로지 노동에 대한 교육뿐이다. 우리 사회는 건전한 생산자가 더 많이 필요하며, 이들이 더 많아져야 고용이 안정되고 소비자가 많아져 경제가 탄탄해진다. 일자리를 만들어낼 수 있는 사람을 더 많이 양성해야 하는데 학교는 그 기능을 못 하고 있다. 아래는 정부의 역할을 대신하여 생산자가 하는 일들이다.

1. 생산자는 고용을 창출하고 소비자를 양성한다.
2. 생산자는 제품이나 서비스를 팔 때 부가가치세를 포함시켜 팔고 이를 정부에 납부한다. 부가가치세뿐 아니라 법인세도 납부하는데 이는 정부의 중요한 수입원이다.
3. 정부는 사회에 필요한 모든 제품을 제공할 수 없다. 생산자가 이를 대신하여 사회에 필요한 제품과 서비스를 제공한다.
4. 생산자가 성장하면 더 많은 고용이 창출되고 납부하는 세금도 많아진다.

당신이 평생 스스로 닭이 된다는 것은 평생 소비자로서 살게 된다는 것이다. 이때 몇 가지 문제가 발생한다. 첫째, 당신은 100세까지 살게 되는데 정년은 60세라는 것이다. 이 말은 소득 없이 40년을 소비만 하며 산다는 뜻으로 현실적으로 불가능하다. 사회보험의 보호막은 고갈되고 있으며 당신의 안전판은 약해지고 있다. 또한 닭이 나이 들고 병들면 달걀을 적게 낳듯이 사람도 마찬가지이다.

둘째, 당신은 너무 많은 세금을 내게 된다. 근로 소득에 대한 세율은 회사를 운영하며 내는 세율보다 훨씬 높다. 물론 우리나라의 세율은 여타 선진국에 비하면 굉장히 낮은 편이지만 앞으로 세율은 점차 늘어날 수밖에 없다. 미국의 투자가인 워런 버핏은 "나 같은 사람에게 세금을 더 받아라. 내가 내는 세금 비율은 내 사무실에서 일하는 나의 종업원들보다 훨씬 낮다"라는 유명한 말을 남겼다. 또한 우리는 모든 소비 활동에 대해서 부가가치세라는 형태의 소비세를 낸다. 즉, 당신은 월급을 받기 전 세금을 내고 소비를 하면서도 세금을 낸다. 하지만 기업은 모든 비용을 사용한 후에 세금을 납부한다. 또한 기업의 소비 활동에 대한 부가가치세는 대부분 돌려받을 수 있다. 즉, 기업은 투자를 통해 세금을 줄일 수도 있으며, 다양한 방법으로 세금을 적정선에서 통제할 수 있다.

셋째, 당신이 근로 소득을 통하여 벌 수 있는 돈에는 한계가 있으며, 이는 당신의 시간을 담보로 한다. 당신이 능력이 꽤 뛰어나 기업에서 높은 자리까지 오를 수는 있겠지만 그러기 위해서는 당신의 많은 시간과 노동력을 기업에 제공해야 하는데 어차피 이렇게 해서 받을 수 있는 돈은 한정적이다. 내년에 연봉을 두 배로 인상하고 싶다고 해서 할 수 있는가? 자산가는 적절한 계획과 확장성을 갖출 수 있으면 두 배가 아닌 스무 배도 가능하다.

우리는 새로운 시대에 살고 있다. 지금 당신이 다니고 있는 회사가 지금처럼 빠르게 변하는 세상에서 당신의 30년을 보장해줄 수 있는가? 당신의 회사가 살아남더라도 당신은 그 회사에서 30년을 살아남을 수 있는가? 30년을 멋지게 살아남아서 퇴직하더라도 당신에게는 소득이 없는 40년이 기다리고 있다. 이제 어떻게 할 것인가? 국가가 당신의 노후를 책임질 것이라 확신하는가? 스스로 닭이 되지 마라. 새로운 닭을 만드는 방법을 배워라. 당신이 낳은 달걀을 닭으로 바꾸는 방법을 배워라. 그리고 그 달걀을 부화시켜 닭으로 키우는 방법을 배워라. 그것이 이 시대를 사는 당신이 반드시 학습해야 하는 것이다. 나는 이것을 금융 지식이라고 말한다. 지금부터 어떤 닭을 만들어야 되는지, 어떻게 달걀을 부화시킬 수 있는지에 대해 이야기하겠다. 그리고 새로운 닭을 만들기 위해 필요한 달걀을 만들어나가는 과정에 대해서도 이야기하겠다.

최대한 많은 닭을 만들어라

대부분 사람들은 스스로 닭이 되어 달걀을 낳는다. 출발은 대부분 비슷하다. 하지만 소수만 부자가 되고 대부분은 가난해지는 이유는 간단하다. 새로운 닭을 만들었는지 아니면 평생 스스로 닭이 되어 달걀을 낳고 있는지의 차이다. 우리는 노동을 통해 돈을 번다. 이를 근로 소득이라고 하는데, 이 근로 소득으로 자산을 만들어야 한다. 그러면 근로 소득뿐 아니라 자산에 의한 소득인 자산 소득이 생기게 된다. 방법은 간단하다. 매년 새로운 자산을 만들어나가는 것이다. 그리고 자산 소득이 매월 사용하는 비용을 넘어서게 되면 당신은 경제적으로 자유롭게 되는 것이다. 경제적 자유란 더 이상 노동을 통해서 소득을 만들 필요가 없는 단계를 이야기한다. 이를테면 한 사람이 1년간 3000만 원 정도 지출한다고 하자. 그런데 이 사람의 자산으로부터 나오는 소득이 5000만 원이라면 3000만 원의 지출을 하고도 2000만 원의 잉여금이 생긴다. 그렇다면 이 사람은 경제적 자유인이다. 나는 다음 몇 가지 단계를 통하여 경제적 자유를 이루어가는 과정에 대해 이야기할 것이다.

1. 연봉을 바탕으로 현금 흐름 그리기

첫 번째 단계로 매월 받는 월급을 용도별로 나눈다. 사실 이 단계는 상당히 중요하다. 회사에서는 매년 예산을 짠다. 해당 연도의 매출액을 예상하고 각 항목별 비용 및 부서별 비용을 편성한다. 이를테면 도서 구입비, 기타 회의비, 교통비, 국내 출장비, 수선비 등 각 비용 항목별로 예산에 대한 계획을 수립한다. 개인도 마찬가지다. 자신의 월급을 매출액으로 삼고 각 항목별 비용을 편성해야 한다. 회사는 목표 순이익에 미치지 못하면 비용을 절감하여 목표를 달성한다.

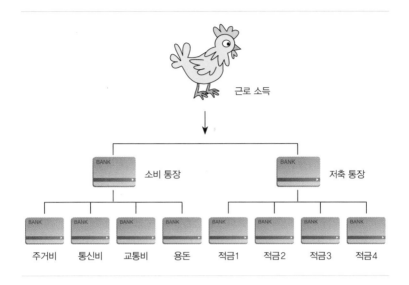

이런 시스템을 본인에게도 적용해야 한다. 이것을 통장 관리라고 하는데, 수익이 들어오는 통장과 나가는 비용에 대한 통장을 구분하는 것이다. 이를 테면 월급 통장 1이 있다고 하면, 주거 관련 비용 통장 2, 통신비 관련 통장 3, 교통비 관련 통장 4와 같이 나누는 것이다. 월급이 들어오면 각각의 비용이 저마다의 통장에서 이체된다. 또한 목표 금액을 모으기 위한 적금용 통장에도 이체된다.

근로 소득자에게 이 과정이 중요한 이유는 노동을 통해 받는 월급이 소득의 전부이기 때문에 매년 들어올 수 있는 돈은 정해져 있고 나가는 비용인 예산 통제 계획이 매년 순이익을 결정하기 때문이다. 첫 번째 과정은 회사의 연간 예산 수립과 동일한 과정이다. 근로소득을 바탕으로 연간 예산 수립을 통해 예상 손익 계산서를 작성하

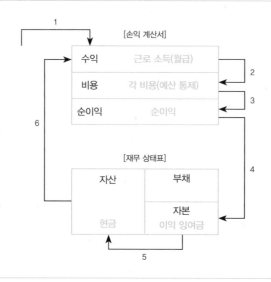

는 것이다. 이러한 계획 수립을 통해 당신의 목표 순이익이 달성되며, 이 순이익은 내년도에 당신의 자본 항목으로 이동하게 된다.

이렇게 이동한 자본을 통하여 당신은 자산을 구축해야 한다. 사람들은 이 첫 번째 과정에 익숙하지만 잘 실천하지는 못한다. 이는 비용 통제에 대한 훈련이 부족하기 때문이다. 자신의 예산 계획에 맞추어 비용을 철저히 통제해야 하는데 이 과정에서 우리는 너무 쉽게 자기 합리화에 빠져버린다. '다음 달에 조금 덜 쓰면 되지' '이 지출은 어쩔 수 없는 거야' ' 젊었을 때 즐겨야지' 등등 수많은 자기 합리화의 과정을 거치며 스스로 통제를 무너뜨린다. 하지만 다시 한 번만 생각해봐도 우리가 근로 소득을 통하여 벌어들이는 돈은 일정하며, 다음 달에 돈이 더 들어올 수 있는 방법은 없다. 그래서 나는 이렇게 말한다. "당신이 1년 동안 모을 수 있는 돈은 연초 당신이 수립한 계획에서 이미 결정된다." 나 역시 매년 초 연간 계획을 수립하며 철저히 통제하고 관리한다. 그러면 연초에 계획한 순이익에서 크게 벗어나지 않는다.

자신의 통제력을 높이는 가장 효율적인 방법은 당신의 '돈의 흐름 시스템'을 만드는 것이다. 앞서 예를 든 것처럼 모든 비용 및 저축의 주머니를 분리시켜 놓고 돈이 자동으로 흘러가게 하는 것이다. 만약 통신비 항목의 돈이 부족하면 용돈 항목의 돈을 통신비 항목으로 채운다. 이때 조심해야 되는 것은 소득과 비용 항목 간의 계정 이동은 절대 금지라는 점이다. 가령 비용 항목 중 통신비가 부족하다고 해서 적금 2를 넣지 않고 통신비 계정으로 옮기거나 용돈이 부족하다고 해서 적금을 깨서는 절대 안 된다는 것이다.

당신은 잘 몰랐을 수도 있겠지만, 기업은 이러한 과정을 수시로 거친다. 각 팀에서는 연초에 항목별 예산 편성을 하여 재무팀의 승인을 받는다. 재무팀에서 승인한 항목별 예산은 월별로 배정되며, 만약 출장비 예산이 부족할 경우 다음 달 출장비 예산에서 당겨쓰거나 아니면 회의비 예산에서 출장비 예산으로 예산을 변경한다. 이처럼 회사는 철저히 비용을 통제하며, 자신의 목표 수익을 맞춰 나간다. 100억 원의 매출을 예상했는데, 시장이 좋지 않아 90억 원으로 매출이 줄 것으로 예상되면 회사는 신속하게 모든 항목의 비용을 삭감한다. 그래서 목표 순이익에 최대한 가깝게 달성하려 한다.

그런데 우리는 어떠한가? 소득이 작년 대비 줄어들더라도 비용은 그대로이거나 증가하지 않는가? 비용을 통제하라. 그리고 통제된 비용을 바탕으로 당신의 연간 손익 계산서를 만들어라. 이것이 당신이 해야 할 첫 번째 일이다.

월급	450
비용 총합	300
세금 및 4대 보험	50
주거비	50
교통비	30
생활비	50
통신비	20
교육비	40
기타	60
잔액	150

월별 손익 계산서   (단위: 만 원)

2. 생애 주기에 맞춘 재무 목표 세우기

두 번째로 생애 주기에 따른 재무 목표를 수립한다. 재무 목표 수립 시에는 매년 현금 흐름을 추정하여 목표 금액을 정한다. 이때 중요한 점은 자신의 총자산이 매년 늘어나야 한다는 것이다. 그리고 매년 증가하는 금액이 유지되거나 늘어나야 한다는 것이다. 이는 자산이 매년 일정한 수익률을 내게 되면 가능하다. 따라서 자신의 재무 목표는 자신의 금융 지식 수준에 맞춰 세워야 한다. 재무 목표

	1년차	2년차	3년차	4년차	5년차
자산	457,100	511,100	594,100	680,250	769,708
부채	230,493	224,493	244,493	264,493	284,493
자본	226,607	286,607	349,607	415,757	485,215
	6년차	10년차	11년차	12년차	13년차
자산	862,638	959,215	1,059,621	1,272,694	1,503,507
부채	304,493	324,493	344,493	384,493	424,493
자본	558,145	634,722	715,128	888,201	1,079,014
	14년차	15년차	16년차	17년차	18년차
자산	1,753,879	2,011,858	2,627,417	3,404,546	4,385,653
부채	464,493	504,493	584,493	664,493	744,493
자본	1,289,386	1,507,366	2,042,924	2,740,053	3,641,160
	19년차	20년차	21년차	22년차	23년차
자산	5,624,278	9,162,195	11,654,552	14,801,096	18,773,535
부채	824,493	984,493	1,064,493	1,144,493	1,224,493
자본	4,799,786	8,177,702	10,590,059	13,656,603	17,549,042

재무 목표 예시　　　　　　　　　　　　　　　　　　　　　　　（단위: 천 원）

수립 후에는 목표 달성을 위한 구체적인 계획을 세워야 한다.

　　　" 회사에서는 To-be Model이라는 것을 작성한다.
　　　이것은 현재의 회사 모습과 5년, 10년 뒤 회사가
　　　발전하는 모습에 대한 구체적 전략이다. "

　이 To-be Model을 작성할 때는 정성적 목표와 정량적 목표를
세운다. 정성적 목표는 어떤 모습으로 발전할 것인가에 대한 구체

적 모습과 회사의 비전과 미션을 달성하기 위한 구체적 전략을 말하고, 정량적 목표는 이를 수치화시킨 재무 목표를 말한다. 모든 가계 역시 To-be Model이 있어야 한다. 가계의 비전과 미션을 수립하고 정성적 목표와 정량적 목표를 수립해야 한다. 개인의 목표도 좋고 가족들과 협의한 목표는 더 좋다.

두 번째 단계인 생애 주기에 맞춘 재무 목표는 이 중 정량적 목표 수립에 대한 것이다. 생애 주기별로 비용 지출이 발생하며, 연령별로 비용 항목이 변화된다. 여기서 더 중요한 부분은 비용 항목의 변화보다 소득의 변화이다. 계속해서 이야기하지만 근로 소득이 증가하는 것에는 한계가 있으므로 근로 소득을 통하여 만든 순이익을 축적하여 자본을 만들어야 한다. 그리고 당신의 자본과 남의 돈, 즉 부채를 바탕으로 좋은 자산을 만들어야 하고, 그 자산을 바탕으로 자산 소득을 만들어야 한다. 당신의 근로 소득과 자산 소득의 비율을 바꾸어가는 재무 목표를 수립해야 한다. 처음에는 근로 소득 비중이 100퍼센트겠지만, 목표 수립을 통하여 어느 순간 근로 소득 비중 50퍼센트, 자산 소득 비중 50퍼센트의 단계가 올 것이며, 자산 소득 100퍼센트를 달성하는 진정한 경제적 자유의 시기가 올 것이다.

나중에 자세히 이야기하겠지만 나는 이러한 정량적 목표보다 정성적 목표가 훨씬 중요하다고 믿는다. 사실 모든 사람은 자신의 가치를 가지고 있고 이 가치를 실현하기 위해 산다. 다만 여러 문제로 가치가 아닌 생존이 우선인 삶을 살아갈 수밖에 없는 것이 현실이다. 하지만 당신의 가치를 정성적 목표로 만들고 그것에 더 많은 사람이 공감하게 할수록 당신은 더 많은 돈을 벌게 된다. 즉, 정성적 목표가 달성되면 정량적 목표는 함께 달성된다. 이것이 별개라고 생각하지 않는다. 가치를 제품이나 서비스로 만들고 그것을 통해서 더 많은 사람을 이롭게 하여 정량적 목표를 달성하는 것이다.

당신은 몇 년 뒤에 경제적 자유를 달성할 수 있는가? 앞서 말했듯 매년 초 당신이 수립하는 재무 계획이 그해에 모을 수 있는 돈을 결정한다. 당신의 평생 재무 계획도 마찬가지다. 계획을 수립하는 순간 당신의 계획은 현실이 된다. 경제적 자유를 달성하기 위한 목표 년도를 정하라. 그리고 가족들과 공유하라. 평생 모을 수 있는 돈이, 가족의 경제적 자유가 계획을 세우는 순간 결정된다. 이 두 번째 단

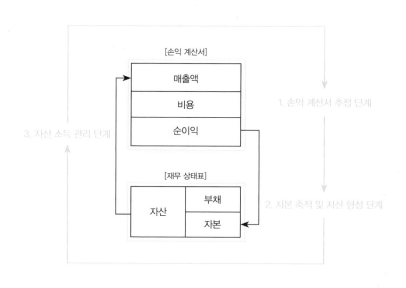

계는 가계의 재무제표에서 현금 흐름의 순환을 결정하는 단계다. 첫 번째 단계가 당해 연도의 손익 계산서를 추정 작성하는 단계였다면, 두 번째 단계는 그 손익 계산서에서의 이익금이 자본으로 흘러 들어가고 다시 자산을 형성하여 두 번째 해의 현금 흐름을 창출하고, 세 번째, 네 번째, 평생의 현금 흐름이 자산을 형성해나가는 과정을 시뮬레이션 하는 것이다.

3. 현금 흐름을 바탕으로 목표 투자 수익률 설정하기

매년 자산이 늘어나려면 목표 투자 수익률을 달성해야만 한다. 이를테면 축적한 자본이 1억 원인데 다음 해의 자본 목표가 1억 5000만 원이라면 5000만 원의 자본 증가가 이루어져야 한다. 이때 근로 소득으로 모을 수 있는 돈이 3000만 원이라면 2000만 원이 부족하다. 이 부족한 2000만 원을 달성하기 위해서는 보유하고 있는 1억 원의 자본금을 바탕으로 20퍼센트의 투자 수익률을 올려야 한다. 투자 수익률 20퍼센트라고 하니 너무 큰 숫자 같은가? 물론 이 투자 수익률은 달성하기 아주 어려운 수치가 분명하다. 부동산을 싸게 사서 비싸게 팔거나 싼 주식을 사서 비쌀 때 팔거나 하는 통상적인 방법으로는 달성하기 어려운 투자 수익률이다. 설사 운 좋게 달성하였다 해도 매년 지속적으로 이런 투자 수익률을 내기란 불가능에 가깝다.

하지만 충분한 금융 지식이 있다면 이 정도의 투자 수익률을 만들어내는 것은 절대 어려운 일이 아니다. 이것을 가능하게 하는 열쇠는 레버리지(부채)의 활용에 있다. 좋은 자산을 사기 위한 부채는 나의 투자 수익률을 극대화시킨다. 가령 1억 원의 자산이 있고 매년 1000만 원의 순이익이 난다고 하자. 이 자산의 투자 수익률은 아래와 같다.

순이익 / 총투자금 = 투자 수익률
→ 1000만 원 / 1억 원 = 10%

만약 이 자산을 살 때 타인의 돈, 즉 부채를 활용한다고 가정해보자. 5000만 원의 부채를 은행에서 5퍼센트 금리로 빌린다고 가정하면 대출 이자는 250만 원이 된다. 그러면 순이익은 1000만 원에서 대출 이자 250만 원을 뺀 750만 원이 된다. 순이익이 줄어서 더 안 좋은 투자라고 생각되는가? 이 자산을 매입하기 위해 투자한 금액이 1억 원에서 5000만 원으로 반으로 줄었다. 그렇다면 투자 수익률은 얼마인가?

순이익 / 자기 자본 투자금 = 자기 자본 투자 수익률
→ 750만 원 / 5000만 원 = 15%

부채를 활용하여 투자한 결과 투자 수익률이 10퍼센트에서 15퍼센트로 1.5배 높아졌다. 순이익이 1000만 원에서 750만 원으로 줄어든 것 아니냐고 반문할 수도 있다. 하지만 투자 금액이 반으로 줄

었으므로 1억 원의 자산 두 곳에 투자할 수 있다. 따라서 투자 수익률이 15퍼센트인 이 자산 두 개에 1억 원을 투자한다면 매년 1500만 원의 수익을 올릴 수 있다. 1억 원의 자산에 대한 투자 수익률은 10퍼센트에 불과하지만 부채를 활용하면 투자 수익률이 15퍼센트로 올라간다. 부채를 더 조달하면 수익률은 더 높아진다. 70퍼센트를 부채로 30퍼센트를 자기 자본으로 같은 프로젝트에 투자한다면 수익률은 22퍼센트까지 올라간다.

이것이 진짜 투자의 마법이다. 20퍼센트의 투자 수익률이 불가능한 숫자가 아닌 이유는 레버리지를 활용하여 투자할 수 있기 때문이다. 자산 수익률과 자본 수익률의 차이를 아는 것은 금융 지식에 있어서 대단히 중요한 교육이다. 회사는 이를 활용하여 매년 성

	Case 1 자본 투자 100%	Case 2 자본 투자 50%	Case 3 자본 투자 30%	Case 4 자본 투자 10%	
자산	10,000	10,000	10,000	10,000	⎤ 재무 상태표
자본	10,000	5,000	3,000	1,000	
부채	0	5,000	7,000	9,000	⎦
총수익	1,000	1,000	1,000	1,000	⎤ 손익 계산서
이자(5%)	0	250	350	450	
순이익	1,000	750	650	550	⎦
자산 수익률 (총수익/자산)	10%				⎤ 수익률
자본 수익률 (순수익/자본)	10%	15%	22%	55%	⎦

(단위: 만 원)

장을 이룬다. 기업을 평가하는 중요한 지표 중 ROI와 ROE라는 지표가 있다. ROI Return on Investment 는 당기 순이익 / 총투자금(총자산)으로 자산 수익률을 나타내는 지표이다. 이와 유사한 것으로 Project IRR Internal Rate of Return (내부 수익률: 예측한 장래의 순수익이 실현되는 것으로 가정할 경우 일정액의 투자에 관한 수익률)이라는 것이 있다. 그 프로젝트의 수익률이 얼마인지를 이야기하는 지표로 프로젝트 자체의 매력도를 보기 위해서 사용하는 것이다. 회사마다 Project IRR의 기준이 있다. 예를 들어 Project IRR 8퍼센트를 기준으로 할 경우 자산 수익률이 8퍼센트 이상일 때에만 투자 적합형 자산으로 분류하여 투자 심의 위원회에 올려 최종 선발 대상에 포함시킨다. 회사에서는 보통 사업팀에서 이렇게 특정 자산 수익률 이상의 프로젝트를 발굴한다. 그리고 투자 심의 위원회를 거쳐 통과한 프로젝트에 한하여 프로젝트를 시행한다.

ROE Return on Equity 는 자본 회수율을 말한다. 즉, 자본 수익률을 나타내는 것으로, 당기 순이익에 자기 자본을 나누어 계산할 수 있다. 이를 Equity IRR이라고도 하는데, 프로젝트에 대한 자기 자본 수익률을 나타내는 지표이다. 회사에서는 Project IRR 기준을 통과한 프로젝트에 한하여 자본 조달 계획을 수립한다. 이를테면 해당 프로젝트가 정부 지원 프로젝트여서 정부에서 저리로 자금을 70퍼센트까지 빌려준다면, 70퍼센트의 정부 자금을 저리로 빌리고 30퍼센트만을 회사 돈으로 투자하게 된다. 이렇게 자기 자본을 최소화하는 이유는 그래야 투자 수익률을 극대화할 수 있기 때문이다.

회사에서 회사의 자산을 만들기 위해 일하는 사람들이 자신의 가계에는 이런 시스템을 적용하지 않는 것은 모순적이다. 회사는 훌륭한 시스템을 기반으로 매년 신규 자산을 취득해나가는데, 가계에도 이런 시스템을 적용해야 한다. 가계마다 기준 수익률이 있어야 하며, 기준 수익률 이상이 되는 자산을 찾아야 한다. 예컨대 기준 수익률이 7퍼센트라면 7퍼센트 이상의 수익을 낼 수 있는 자산을 물색한다. 그것은 부동산이 될 수도 있고, 특정 회사가 될 수도 있고,

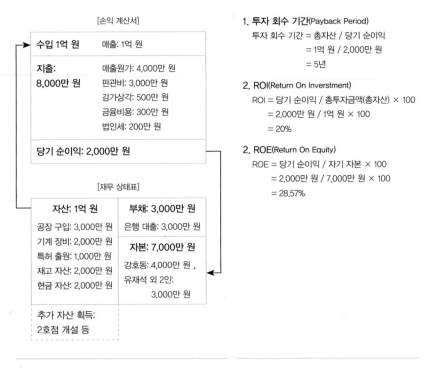

A 벤처 기업의 재무제표

A 벤처 기업의 투자 수익 분석

주차장 같은 자산이 될 수도 있다. 이렇게 찾은 자산의 투자 매력도를 점검하고 가족 회의를 통하여 어떤 자산에 우선적으로 투자할지 결정한다. 또한 자금 조달은 얼마나 가능한지 자산별로 조사한다. 각 자산의 자본 수익률을 계산하여 투자 우선순위를 정하고 목표 투자 수익률을 달성할 수 있는 자산을 매입한다.

4. 투자 수익률을 달성할 수 있는 금융 지식 쌓기

목표 투자 수익률을 달성하기 위해서는 금융 IQ를 올려야 한다. 우리의 금융 IQ는 은행의 이자율 정도라고 생각하면 된다. 기준 금리가 3퍼센트일 경우 우리의 금융 IQ도 3퍼센트 정도이다. 이것은 그냥 우리가 모은 돈을 은행에만 넣어도 3퍼센트의 이자를 지급받는다는 이야기이다(물론 이자 소득에 대하여 15.4퍼센트의 세금을 내야 한다). 은행은 고객의 예금에 3퍼센트의 이자를 준다. 이것을 은행의 입장에서 이야기해보면, 은행은 이자 3퍼센트라는 자금 조달 비용으로 예금을 하는 많은 사람으로부터 자금을 조달하는 것이다. 은행 입장에서 고객의 예금은 부채로 인식된다. 그렇다면 이렇게 조달한 자금으로 은행은 어떤 자산을 만들까? 바로 대출 채권이라는 자산을 만들어 대출을 필요로 하는 고객들에게 5퍼센트의 금리로 돈을 빌려준다.

더 쉽게 예를 들어보겠다. 고객이 3퍼센트의 금리로 1억 원을 은행에 예금하였고, 은행은 이 돈을 5퍼센트의 금리로 다른 고객에게 빌려주었다. 은행 입장에서는 예금을 한 고객에게 300만 원의 이자를 지급해야 하며, 대출한 고객에게는 500만 원의 대출 이자를 받게 된다. 그러면 200만 원의 수익을 올릴 수 있는데, 대출 금리 5퍼센트와 예금 금리 3퍼센트의 차이인 2퍼센트가 투자 수익률인 것은 아니다. 은행 입장에서는 자본금을 들이지 않은 채 고객의 예금으로 대출을 하였으므로 무한대의 투자 수익률이라고 볼 수 있다. (여기서는 지급 준비율은 무시하고 예대마진만으로 단순하게 계산하였다.)

은행의 투자 수익률 이야기를 먼저 한 것은 금융 지식에 대해 설명하기 위해서이다. 우리는 자산을 사기 위해 자금을 조달해야 하는데, 자금 조달 방법 중 가장 많이 이용하는 방법이 은행을 통한 대출이기 때문이다. 앞서 살펴본 예를 간략하게 표현하면 다음과 같다.

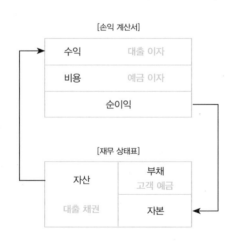

[금융 지식의 좋은 예]

고객 예금 금리 3% → 은행 → 대출 금리 5%

→ 우리 자산 → 자산 수익률 7%

우리는 은행에서 5퍼센트의 자본 조달 비용으로 대출하여 7퍼센트 이상의 투자 수익률을 낼 수 있는 자산을 찾으면 된다. 이것이 금융 지식을 가장 명확하게 이야기한 것이다. 은행 시스템을 이해하고 우리가 또 하나의 은행이 되는 것이다. 대부업을 하라는 이야기가 아니다. 우리 자산이 일을 하게 하고 은행에서의 자본 조달 비용보다 더 많은 수익률을 낼 수 있는 자산을 만들어가면 되는 것이다. 자산 수익률이 7퍼센트라서 작아 보이는가? 은행의 대출은 우리 자산을 매입할 때 우리에게는 레버리지, 즉 부채가 되며 우리의 자본 수익률은 자산 수익률 7퍼센트보다 훨씬 큰 금액으로 올라가게 된다.

> **"**우리가 자산으로 생각했던 아파트나 자동차의
> 가장 큰 문제점은 자산 수익률이 마이너스이거나
> 자금 조달 비용인 은행 수익률보다 낮다는 것이다**"**

[금융 지식의 나쁜 예]

고객 예금 금리 3% → 은행 → 대출 금리 5%

→ 우리 자산 → 자산 수익률 −5%(아파트, 자동차)

나쁜 자산과 좋은 자산을 구분하고 좋은 자산을 통해 투자 수익률을 극대화할 수 있는 방법을 찾으려면 먼저 우리가 생활하고 소비하는 모든 것이 어떤 사람의 자산임을 인지해야 한다. 우리가 밥을 먹는 이 레스토랑은 어떤 이의 자산일 것이며, 그는 이 레스토랑을 만들기 위해 필요한 금액을 조달하였을 것이다. 이를 역으로 추정해보는 것이다. 유료 주차장 역시 누군가의 자산일 것이다. 이제까지는 자동차를 주차하고 나오기 바빴다면, 이제부터 주차장 사업을 한다고 생각해보자. 먼저 주차 가능 대수를 세어보고 만차일 때 하루 주차 수를 예측해보자. 그리고 주차비를 바탕으로 하루 매출액을 예측해보자(물론 매출액을 계산할 때는 자동차가 비어 있는 일정 비율을 추정하여 계산한다). 그리고 주차장에서 일하는 인원을 재빨리 세어보고 인건비도 추정해본다. 그리고 각종 전기세 등 월간 비용을 추정해본다. 이렇게 해보면 옆 쪽 위에 나오는 손익 계산서가 완성된다.

손익 계산서가 머릿속에 그려지면 주차장을 만들기 위한 투자비를 추정해본다. 주차장을 만들기 위해 부지를 사야 하며, 주차장이 복수 층으로 되어 있다면 철골 구조가 필요할 것이다. 또한 주차장 출입 관리를 위해 전자 장치도 필요할 것이다. 총투자비가 나오면 자본 조달 방법을 생각해본다. 은행에서 50퍼센트의 필요 자금을 빌릴 때의 이자 비용을 추정해보고 이를 손익 계산서에 반영한다. 이 작업이 완성되면 옆 쪽 아래에 나오는 재무 상태표 역시 완성된다.

이런 과정이 끝나면 자산 수익률과 내 자본에 대한 투자 수익률

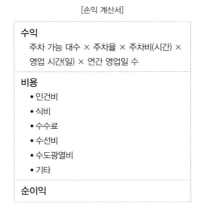

[손익 계산서]

| **수익** |
| 주차 가능 대수 × 주차율 × 주차비(시간) × 영업 시간(일) × 연간 영업일 수 |
| **비용** |
| • 인건비
• 식비
• 수수료
• 수선비
• 수도광열비
• 기타 |
| **순이익** |

도 구할 수 있다. 이런 반복적인 훈련을 통하여 우리는 우리의 금융 지식을 향상시킬 수 있다.

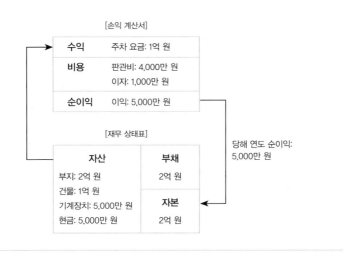

5. 은퇴 계획 수립하기

이제는 고인이 된 스티브 잡스는 스탠퍼드 대학교 연설 중 죽음에 대해 이야기했다. 이제 대학교를 졸업하고 사회에 첫발을 내딛는 학생들에게 왜 죽음에 대해 이야기했을까? 잡스는 '내가 만약 내일 죽는다면 오늘 하고 있는 일을 계속 할 것인가?'라는 질문을 스스로에게 계속 던졌다고 한다. 그리고 만약 '아니'라는 대답이 계속 나온다면 지금 하는 일을 멈추고 스스로에게 다른 삶을 살 기회를 주어야 한다고 하였다. 이 질문을 당신 스스로에게 해보기 바란다. 당신이 만약 내일 죽는다면 오늘 회사에 출근하여 일을 하겠는가? '그렇다'라고 대답했다면 당신은 정말 행복한 사람이다. 자신이 정말 가치 있다고 생각하는 일에 자신의 인생의 소중한 시간들을 보내고 있기 때문이다.

하지만 나는 많은 사람이 이 질문에 '아니'라고 대답할 것이라고 생각한다. 여러 현실적인 문제 때문에 돈을 벌기 위해 당신이 지금의 생활을 유지하고 있음을 안다. 당신 스스로도 그것을 0순위로 가치 있는 일이라고 생각하지 않는다는 것도 잘 안다. 우리가 더 빨리 은퇴해야 하는 이유도 여기에 있다.

> **"당신이 정말 가치 있다고 생각하는 일을 하기 위해 더 빨리 은퇴하라. 그리고 돈이 아닌 가치를 좇는 삶을 살아라"**

나는 돈에 관련된 문제가 해결되면 당신이 더 빨리 은퇴해 더 의미 있는 삶을 살 수 있다고 생각한다. 당신의 재무 목표에서 은퇴 시점을 정하라. 당신의 금융 지식이 더 향상될수록 근로 소득의 비중은 작아질 것이며, 경제적 자유는 더 빨리 찾아올 것이다.

6. 매년 목표 대비 달성도를 체크하고 재무제표 및 현금 흐름 관리하기

수립한 재무계획을 매년 체크하고 목표 대비 달성도를 확인하라. 만약 달성하지 못했다면 어떤 문제가 있었는지 반드시 진단하라. 계획한 비용 대비 과다한 비용 지출이 발생하지는 않았는지, 또는 계획했던 비용이 너무 적게 잡혀 있지는 않았는지, 예상보다 소득이 작지는 않았는지 여러 각도에서 자신의 재무제표를 확인하라.

매년 12월 말에 자신의 재무제표를 확인하며 손익 계산서와 재무 상태표를 작성하고 계획 대비 달성도를 확인하라. 이것을 기준으로

No	분야	목표	배점	평가 기준							
				S		A		B		C	
1	자본 증가	7,200만 원	35	8,200만 원	35	7,200만 원	30	6,000만 원	25	6,000만 원 미만	20
2	자산 확보 및 목표 수익률 달성	자산 2개 목표 투자 수익률 15%	35	자산 2개 투자 수익률 20%	35	자산 2개 투자 수익률 15%	30	자산 1개 투자 수익률 7%	25	자산 1개 투자 수익률 7% 미만	20
3	독서	20권	15	30권	15	20권	13	12권	11	12권 미만	9
4	체중 감량	−5kg	15	−10kg	15	−5kg	13	−3kg	11	−3kg 미만	9

연간 목표 및 평가 기준 예시

정량적 목표 달성도를 확인하고, 목표 초과 달성 시에는 자신에게 보상을 해주고 목표에 미달했을 시에는 페널티를 부여하라.

7. 경제 흐름에 따른 투자 전략 및 자산 포트폴리오 재점검하기

거시적인 경제 흐름에 따라 자신의 투자 계획을 수정해야 한다. 돈은 한곳에 정체되어 있지 않고 끊임없이 흐른다. 이 흐름에 따라 특정 자산군이 투자 수익률이 좋은 시기가 오고 어떤 시기에는 투자 수익률이 상당히 좋지 않을 때가 온다.

건물을 2억 원에 샀다고 생각해보자. 이 건물을 매입할 당시 수익률은 10퍼센트이고 매년 수익이 2000만 원씩 발생하였다고 하자. 그런데 몇 년 후 정부가 부동산 부양책으로 금리를 낮추고 시중에 통화량이 많아지게 유도하여 건물 가격이 두 배로 올랐다고 하자. 건물 가격은 두 배가 오른 4억 원이지만 수익은 2000만 원 그대로라면, 수익률은 5퍼센트로 내려가게 된다. 만약 이때 건물을 매도하였다면 매년 현금 흐름 외에도 2억 원의 자산 처분 이익이 생긴다. 반면 이 건물을 4억 원에 매수한 사람은 수익률이 5퍼센트밖에 안 되며, 금리 인상 등 외부 환경의 변화로 건물 가격이 현저하게 떨어질 가능성도 크다. 만일 건물 수익률이 5퍼센트일 때 은행 대출 금리가 3퍼센트라면 자금 조달 비용이 저렴하기 때문에 5퍼센트의 수익률로도 투자가 가능하다. 그런데 기준 금리가 올라 은행 대출 금리가 6퍼센트까지 오른다면 건물의 수익률 5퍼센트에 투자할 사람이 있을까? 이런 상황에서는 건물 가격이 떨어져서 적정 수익률

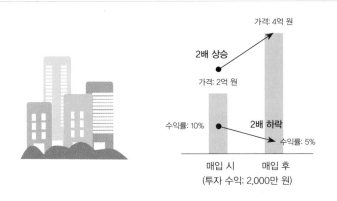

가격: 4억 원

2배 상승

가격: 2억 원

수익률: 10%

2배 하락

수익률: 5%

매입 시   매입 후

(투자 수익: 2,000만 원)

을 찾게 된다.

이렇듯 금리 정책, 외부 시장 상황에 따라 자산 가격은 변한다. 이런 거시적인 트렌드를 알아야 투자 계획을 수정하고 자산 포트폴리오를 조정할 수 있다.

이러한 일곱 가지 단계를 통하여 우리는 많은 자산, 즉 닭을 만들어나가야 하며 이렇게 만들어놓은 닭을 통해 경제적 자유를 이룰 수 있다. 이 일곱 가지 단계가 생소하게 느껴지는가? 우리는 16년이 넘는 시간 동안 노동에 대한 교육만을 받아왔다. 이제 겨우 금융에 대한 교육을 시작하려고 하는 것이다. 나는 노동에 대한 교육 시간의 4분의 1만 투자하면 당신이 꽤 높은 금융 IQ를 갖게 되어 경제적 자유를 누릴 수 있게 될 것이라 확신한다.

닭이 낳은 달걀을 새로운 닭으로 만들어라

이는 닭을 만드는 가장 어렵고 고차원적인 방법이다. 하지만 그만큼 가장 의미 있는 일이라고 생각한다. 매슬로우의 욕구의 5단계에 따르면 인간이 가지고 있는 욕구 중 가장 높은 단계의 욕구가 자아실현의 욕구라고 한다. 자아실현이란 '개인이 지니고 있는 소질과 역량을 스스로 찾아서 그것을 충분히 발휘하고 개발하여 자기가 목적한 이상을 실현하는 것'을 말한다. 여기서 중요한 부분은 '자기가 목적한 이상을 실현하는 것'이라는 부분이다. 이는 다른 말로 '가치의 실현'이다. 간단히 말해 자아실현은 '자신의 가치를 실현하는 것'이라 표현할 수 있는데, 이는 인간이 가지고 있는 가장 높은 단계의 욕구라고 할 수 있다.

나는 이 자아실현의 단계 중 하나가 닭이 낳은 달걀을 새로운 닭으로 만드는 단계라고 생각한다. 달걀을 새로운 닭으로 만드는 과정은 '창업'이다. 이것은 직접 창업을 하는 것을 말하기도 하지만 창업의 단계에 참여하는 것을 말하기도 한다. 여기서 이야기하는 창업이란 단순히 돈을 벌기 위한 것만은 아니다. 모든 사람에게는 자신이 중요하게 생각하는 '가치관'이 있다. 그런 가치관은 직업으로 표현되기도 한다. '학생들에게 쉽고 재미있게 가르쳐주고 싶다'라는 가치를 가진 사람은 선생님으로 성장하며, '아픈 사람을 치료해주고 싶다'라고 생각하는 사람은 의사가 된다. 하지만 많은 사람이 잘 알지 못한다. 그들이 선택하는 것은 직업이다. 사실 직업을 선택하는 사람은 한계가 있다. 아무리 좋은 선생님도 가르칠 수 있는 학생의 수는 한정되며, 아무리 훌륭한 의사도 치료할 수 있는 환자는 한정된다.

그러나 자신의 가치를 확장시켜 사업의 세계로 이동하면 이야기가 달라진다. 사업가는 세계 모든 사람이 자신의 교육 시스템을 통해 교육받을 수 있게 시스템을 확장하며, 세계 모든 사람의 병을 치료할 수 있는 신약을 개발한다. 나는 당신이 충분히 그럴 수 있다고 믿는다. 당신의 가치가 직업으로 연결되는 데 길들여진 것일 뿐 확장하는 연습을 하면 충분히 더 많은 사람을 도울 수 있다.

사실 더 많은 사람을 도울수록 경제적 자유는 더 빨라진다. 엘론 머스크는 열아홉 살에 페이팔을 만들어 전 세계 사람들이 웹을 통해 편리하게 결제할 수 있는 시스템을 구축하였다. 그래서 그는 열아홉 살에 경제적 자유를 얻었다. 경제적 자유를 얻은 후 그는 더 많은 사람이 우주여행을 할 수 있도록 스페이스엑스SPACE X라는 회사를 만들어 민간 우주왕복선을 제작하고 있으며, 전기 자동차를 통해 많은 사람이 더욱 친환경적인 자동차를 타고 다닐 수 있도록 테슬라라는 자동차 회사를 만들었다.

당신은 어떤 가치를 가지고 있는가? 당신이 지금 하고 있는 일은 당신의 가치에 부합하는가? 나는 더 많은 사람이 자신의 가치를 제품이나 서비스로 만들어 더 많은 사람과 공유해야 한다고 생각한다. 그리고 이런 일을 하는 사람들은 경제적 자유를 빨리 이룬다. 마이크로소프트를 만든 빌 게이츠는 '모두의 책상에 컴퓨터를 두게 하겠다'라는 생각으로 창업하였다. 빌 게이츠는 컴퓨터를 통해 많은 사람이 평등한 기회를 가질 수 있다고 생각했으며, 이 컴퓨터를 대중화하는 일이 곧 기회의 균등을 실현하는 일이라고 생각했다. '세상 모든 사람들에게 공평한 기회를 주는 것' 이것이 빌 게이츠의 가치관이었고 그는 더 많은 사람에게 공평한 기회를 줄수록 더 부자가 되었다. 이러한 예는 수없이 많다.

당신의 가치를 제품이나 서비스로 만들어라. 그리고 더 많은 사람이 그것을 누리게 하라. 이것이 달걀을 새로운 닭으로 만드는 방법이다. 그리고 실제로 이것은 가장 많은 달걀을 가질 수 있는 방법이기도 하다. 당신이 당신의 가치를 담은 어떤 프로젝트를 시작한다면, 생각보다 많은 사람이 당신의 가치에 공감하고 그 프로젝트에 동참할 것이다. 나는 이 방법이 당신으로 인하여 세상이 더욱 이로워지는 방법이라고 생각한다. 다만 이 방법을 실행하기 위해서는 사업가적인 훈련과 교육이 필요하다. 익숙하지 않은 길이지만 이 방법을 학습하기를 권장한다. 달걀을 닭으로 만드는 것에도 몇 가지 단계가 있다.

첫 번째는 당신이 어떤 가치를 가지고 있는지를 확실히 아는 것이다.

막연한 가치관을 구체화하는 것도 하나의 방법이다. 예컨대 '많은 사람을 돕고 싶다'라는 가치관이 있다고 하자. 하지만 사람을 도울 수 있는 방법은 수없이 많다. 그래서 하나씩 구체화하는 것이 필요하다. '어떤 사람들을 어떻게 도울 것인가'에 대해 고민해야 한다. 가령 '아프리카에 있는 사람들이 먹을 수 있는 물이 부족하다. 이 물 부족을 해결해주고 싶다' '주부들이 집 청소를 하는데 허리도 아프고 불편하다. 더 편리한 청소 로봇을 만들고 싶다'처럼 어떤 사람들을 어떻게 도울 것인가에 대해 자신의 막연한 가치관을 구체화해나가는 과정이 필요하다.

나는 학교에서 노동에 대한 교육만 받은 사람들에게 사업과 금융에 대한 교육을 통해 경제적 자유를 만들어주고 싶다. 이것이 나의 가치관이고 나는 나의 가치를 다양한 방법을 통해 제품으로 만들어 나간다. 이 책 역시 그 가치를 책이라는 형태의 제품에 담은 것이다.

두 번째는 당신의 가치를 담은 프로젝트를 시작하는 것이다.

당신의 가치를 확실하게 하였다면, 당신이 꼭 해결하고 싶은 문제점이 있을 것이다. 그 문제점을 해결할 방법을 고민하라. 반드시 혼자 할 필요는 없다. 여러 사람에게 자문을 구하라. 다양한 아이디어를 들어라. 당신이 생각하는 그 문제점에 많은 사람이 공감하는 지부터 확인하라. 더 많은 사람이 공감하는 문제일수록 꼭 해결해야 된다는 것을 기억하라. 그리고 많은 사람이 그 문제에 공감할수록 많은 사람이 그 프로젝트를 도울 것이다.

정보를 찾을 때 사람들이 논문이나 신문 등을 일일이 다 찾아보는 것을 보고 구글은 논문과 신문 등 모든 정보를 웹 공간에 옮겨 사람들이 몇 번의 클릭만으로 원하는 정보를 찾을 수 있는 서비스를 만들어 지금의 구글이 되었다. 많은 사람이 '정보를 찾는 것이 힘들다'라는 문제점에 공감하지 않았다면 지금의 구글은 없다. 사람들이 공감하는 문제점을 찾고 그것을 해결하기 위한 프로젝트를 시작하라.

세 번째는 당신의 프로젝트에 많은 사람을 합류시키는 것이다. 불특정 다수를 합류시키라는 말은 아니다. 프로젝트를 잘 수행하기 위해서는 다양한 분야의 사람이 필요하다.

1. 제품 전문가: 당신의 가치를 담은 제품이나 서비스를 만들어내기 위해서는 제품에 대한 전문가가 필요하다. 하지만 절대 제품이 가장 중요한 것은 아니다.

2. 법률 전문가: 만들어낸 제품이 법적으로 팔 수 없는 것이라면 소용없다. 관련 법상 문제가 없는 제품을 만들어내는 일도 중요하다. 또한 특허를 통하여 제품을 법적으로 보호하는 일도 중요하다.

3. 시스템 전문가: 법적으로 잘 보호된 제품이라고 해도 그 기업의 훌륭한 시스템을 통해 끊임없이 순환되지 않으면 소용없다. 맥도날드를 보라. 결코 가장 맛있는 햄버거는 아니지만 세상에서 가장 훌륭한 시스템을 통해 전 세계로 확장하였다. 전 세계 어느 맥도날드에 가도 같은 서비스와 비슷한 가격과 맛으로 햄버거를 즐길 수 있다. 이것이 시스템 전문가가 필요한 이유다.

4. 마케팅 전문가: 마케팅 전문가를 통해 당신의 제품과 서비스를 더 많은 사람이 알게 만들어야 한다. 페이스북과 구글 역시 마케팅 전문가가 합류하기 전까지는 잘 만들어진 제품에 지나지 않았다.

5. 자금 조달 전문가: 필요한 자금은 투자자를 통해 조달하기도 하고 은행을 통해 빌리기도 한다. 또한 당신이 가치 있는 제품이나 서비스를 만들어낸다면 정부에서 지원하기도 한다. 생각보다 정부는 당신이 생산자 역할을 할 때 더 많은 것을 관대하게 지원한다. 이때 자금 조달 전문가는 필요한 역할을 능숙하게 수행한다.

6. 회계 및 세무 전문가: 흑자도산이라고 들어봤는가? 오늘 10억 원의 계약을 체결했다고 해도 당장 오늘 10억 원의 돈이 들어오는 것은 아니다. 계약금, 중도금, 잔금으로 나누어 지급하기도 하는데 회계상으로 매출은 계약 시에 인식하게 된다. 회계 및 세무 전문가는 현금 흐름과 재정을 관리해준다.

이 장에서는 달걀을 닭으로 만드는 방법을 간단히 설명하였다. 이에 대한 자세한 내용은 7장에서 더 이야기하도록 하겠다.

5장
부자들의 금융 교육

당신이 노동을 할 때 부자들은 자금을 조달하여 자산을 만든다.
당신이 필요한 것을 살 때 부자들은 당신에게 그것을 제공한다.
당신이 일자리를 구할 때 부자들은 일자리를 제공한다.
삶은 대칭적이며 그 대칭에서 어느 쪽에 설 것인지는 당신이 결정한다.
그리고 그 결정이 당신의 부를 결정한다.

당신이 노동에 대한 교육을 받을 때 부자들은 금융 교육을 받는다

나는 학창 시절을 부산 중심가에서 보냈다. 중학교, 고등학교가 부산 중심가에 위치해 있어서 학교가 끝난 뒤 항상 그곳을 거쳐 집에 왔다. 그곳에는 정말 많은 빌딩이 있었고 그 빌딩 안에는 수많은 상점이 있었다. 20년이 다 되어가는 지금 다시 그 중심가에 가보면 학창 시절의 상점들은 거의 남아 있지 않고 지금도 수시로 가게들이 바뀐다. 하지만 건물은 20년 전 그대로인 경우가 많다. 물론 부분적으로 리모델링을 하기도 했고 인근에 새로운 건물들이 들어서기도 했지만 그렇게 많이 변화하지는 않았다.

나는 학창 시절 그 많은 건물의 주인이 궁금했으나 그에 대해서는 누구에게서도 들을 수 없었다. 선생님께 여쭤봐도 부모님께 여쭤봐도 그 건물과 건물주에 대한 이야기는 들을 수가 없었다. 나는 중·고등학교 때부터 내가 사는 세계에서 알 수 있는 정보는 아주 제한적이라는 생각을 했다. 저 건물을 사기 위한 방법은 교과서에도 나와 있지 않았고 학교 공부를 열심히 해서 얻을 수 있는 것이 아니라는 생각이 들었다. 왜냐하면 학교 공부를 열심히 하셨던 부모님이나 선생님께 저 건물에 대해 어떤 이야기도 들을 수 없었기 때문이다.

나는 아주 뛰어난 학생은 아니었지만 성적이 평균 이상이었다. 부모님과 선생님은 열심히 공부해서 좋은 대학교에 가게 되면 안정적인 직장을 얻을 수 있고 풍요로운 삶을 살 수 있다고 말씀하셨다. 하지만 나는 이 이야기가 모순이라고 생각했다. 아버지는 좋은 대학교를 나오셨고 누구나 부러워하는 좋은 회사에 다니셨지만 우리 집은 항상 풍족하지 않았다. 내가 어린 시절 건물 주인을 알고 싶었던 이유는 그 건물에 세를 들어 장사하는 사람들은 계속 바뀌었지만 건물 주인은 바뀌지 않고 항상 좋은 자동차가 건물 가장 좋은 곳에 주차되어 있었기 때문이다. 건물 주인을 만나면 돈에 대한 진짜 답을 얻을 수 있을 것만 같았다.

세월이 지나 지금 나는 꽤 많은 건물 주인들을 안다. 건물주뿐 아니라 프랜차이즈 사업가, 소셜커머스 창업가 등 다양한 자산을 가진 자산가들을 많이 알고 있다.

> **"그리고 나는 어린 시절 선생님이 해주셨던, 열심히 공부해서 좋은 대학교를 나와 좋은 직장을 가지면 풍요로운 삶을 살 수 있다는 이야기가 거짓이라는 것을 잘 안다"**

　그 조언에 따라서 산다면 풍요로운 삶이 아니라 평균보다 조금 더 나은 삶을 살 수 있다. 학교에서 배우고 듣는 정보가 아주 제한적인 것 같다는 내 생각은 정확했다. 그때 당시 많은 사람이 건물을 짓고 소유하는 것은 아주 돈 많은 부자만이 할 수 있는 일이라며 불가능한 일이라고 했다. 나는 그 말을 믿지 않았다. 왜냐하면 너무 많은 건물에 제각각 주인이 있었기 때문이다. 그 많은 사람들이 할 수 있다면 나도 당연히 할 수 있다고 생각했다. 다만 내 주변의 사람들이 그 방법을 모른다고 생각했다. 자신이 잘 모르는 일은 그냥 불가능하다고 하는 것이 편할 때가 많다. 내 주변에는 우수한 대학을 졸업한 사람들이 많다. 그들은 대부분 이해력이 빠르고 논리적이며 배울 것이 참 많다. 그리고 많은 연봉을 받으며 생활한다. 하지만 대부분 부자는 아니다. 이야기를 해보면 대부분 건물을 갖는 것은 불가능할 것이라고 말한다. 반면 내가 만난 많은 건물주 중에는 대학교를 나오지 않은 사람도 많다. 그들은 명문대를 나온 직장인들보다 훨씬 부자다. 무엇이 이런 차이를 만들었을까?

나는 자신 있게 이야기할 수 있다. 바로 '금융 교육'이다. 사실 명문대를 나온 사람들이 훨씬 많은 교육을 받았고 훌륭하게 그 교육을 이수했을 것이다. 그렇기 때문에 학업이 뛰어난 학생들이 명문대에 진학하며, 그중에서도 뛰어난 인재들이 좋은 기업에 들어갈 수 있다. 하지만 그들이 배운 교육은 노동에 관한 것이다. 좋은 일자리를 구하기 위한 '노동 교육'이다. 부정하고 싶을지도 모르겠다.

> **하지만 당신이 월급을 받은 뒤 어떻게 관리해야 하는지를 배운 적이 있는가? 학교에서 돈에 대해 배우는가?**

나는 금융에 대한 배움의 차이가 대학교 간판보다 훨씬 중요하다고 확신한다. 나는 아주 많은 돈을 벌었던 사람들이 몰락하는 것을 여러 번 보았다. 한 프로그램에서 로또에 당첨되어 수십억의 당첨금을 받은 사람들을 3년 뒤에 찾아가보니 80퍼센트 이상이 빚더미에 앉아 있거나 거의 모든 돈을 탕진했다고 한다. 믿겨지는가? 나는 이것이 금융 지식의 차이 때문이라고 생각한다. 한때 유명했던 연예인이 수년 뒤 빚더미에 앉아버리는 것도, 고액 연봉의 전문직이 돈 문제로 힘들어하는 것도 금융 지식에 그 원인이 있다. 다음 장에서 자세히 설명하겠지만 그들은 좋은 자산과 나쁜 자산의 차이를 모른다. 그래서 돈이 생기면 지속적으로 나쁜 자산을 사들인다. 그 결과 그들의 현금 흐름에는 심각한 문제가 생기며 더 많은 빚을 지지 않고는 버틸 수 없는 지경에 이른다.

절대로 남 이야기라고 생각하지 마라. 가계 부채가 1100조 원이 넘은 지금, 과연 얼마나 이 부채를 활용해 투자를 하고 있을 것이라고 생각하는가? 금액의 차이는 있겠지만 우리 모두 이 부채에 일조하고 있고 우리 부채의 대부분은 우리 주머니에 돈을 넣어주는 것이 아닌 우리 주머니에서 돈을 빼가는 것에 들어가 있다. 이것은 예외 없이 사람들을 가난하게 만든다.

미국에는 자신의 재산을 자식에게 물려주는 대신 사회에 기부하는 부자들이 많다. 나는 이들이 존경스럽고 한편으로는 이해가 된다. 중요한 점은 돈을 물려주는 것이 아니라 돈을 만들 수 있는 금융 지식을 물려주는 것이다. 금융 지식이 있으면 필요한 자금을 조달할 수 있고 그 돈을 활용하여 다양한 자산을 만들 수 있다. 그리고 그 자산을 확장시켜 더 많은 현금 흐름을 창출할 수 있다. 그러니 돈은 물려줄 필요가 없다.

대학 시절 내 주위에는 꽤 잘사는 친구들이 몇 있었다. 이 친구들은 매주 한두 번씩 가족과 저녁 식사를 하기 위해 일찍 귀가했다. 나는 그것이 그저 화목한 가정의 저녁 식사인 줄 알았다. 매주 정기적으로 저녁 식사를 하는 모습이 의아하여 한번은 친구에게 저녁 식사 때 어떤 이야기를 하는지 물어보았다. 친구는 저녁 식사를 곁들인 수업을 받는다고 했다. 집에서 투자에 대한 의사 결정을 할 때 가족들과 함께 의논하는데, 예를 들어 상가를 하나 사려고 할 때 상가의 금액은 얼마이며, 은행에서 조달할 수 있는 돈은 얼마이고, 월세는 얼마 정도이니 투자를 하면 몇 년 안에 회수할 수 있는지, 향후 리스크는 없는지 등에 대해 저녁 식사 자리에서 이야기한다는 것이다. 매주 저녁 식사가 반복될수록 세상을 바라보는 그 친구의 눈은 달라졌다. 커피숍에서 커피를 마시고 있노라면 이 친구는 커피숍의 수익을 예측했다. 내가 커피 맛을 음미하고 있을 때 이 친구는 테이블 수와 종업원 수, 커피 단가를 보고 매출액과 순이익을 추정했다. 그리고 투자비를 예측하여 이 커피숍이 성공적으로 운영되고 있는지 이야기해주었다.

나는 친구의 저녁 식사가 금융 교육임을 알게 되었다. 그리고 많은 부자가 자식들에게 가정에서 금융 교육을 시키고 있음을 알게 되었다. 우리들 가정은 어떠한가? 저녁 식사 자리에서 돈에 관련된 이야기가 나오면 다툼으로 이어지기 일쑤고 그래서 돈 이야기는 금기시되지 않는가? "돈 문제는 내가 알아서 할게"라고 호기롭게 이야기하고는 문제가 심각해졌을 때 어쩔 수 없이 가족에게 털어놓지는 않는가? 나 역시 돈에 관련된 이야기를 부모님과 진지하게 해본 적이 없으며 지금도 그렇다. 적어도 우리는 돈에 있어서 너무 꽉 막혀 있고 혼자 해결하려고 한다. 그리고 잘못된 조언을 좇아간다. 금융 회사가 자기 회사의 이익을 위해 만든 상품에 힘들게 번 돈을 맡겨버린다. 그리고 모든 책임은 자신이 진다. 이것은 잘못된 것이다.

내가 친구를 보면서 느낀 점은 금융 교육을 통해 부를 물려받는다는 사실이다. 누구든 돈을 많이 벌 수는 있지만 그것을 관리하고 운영하는 것은 금융 지식이다. 그 능력에 따라 부자로 살지 가난하게 살지 결정된다. 로또 당첨자의 80퍼센트는 3년 안에 다시 원위치로 돌아갔다는 것을 기억하라. 많은 사람이 로또만 된다면 인생이 바뀔 것이라 생각하지만 그것은 착각이다. 당신의 금융 IQ가 그대로라면 바뀌는 것은 아무것도 없다. 로또 살 돈으로 금융 지식을 쌓아라. 나는 그것이 먼저라고 생각한다. 수억의 당첨금은 바라면서 왜 당장 주머니에 있는 수백, 수천만 원은 관리하지 않는가? 나는 당신이 금융 지식을 통해 수억의 당첨금보다 훨씬 많은 부가가치를 만들 수 있다고 확신한다.

나는 그 친구 덕분에 새로운 세계에 눈을 떴다. 그리고 지금은 새로운 세계에서 살고 있는 사람들에게 대부분의 사람들이 듣는 것과 다른 조언을 들으면서 살고 있다. 친구는 대학교 3학년이 되었을 때, 다른 학생들이 열심히 취업을 준비할 때 커피숍을 열었다. 그리고 진짜 공부를 시작했다. 친구의 창업은 자신의 가정에 대한 검증 같았다. 항상 그곳에 커피숍을 내면 2년 안에 투자한 금액을 회수할 수 있을 것이라 자신했는데 친구는 그것을 검증하고 있었다. 그리고 커피숍을 운영하며, 종업원을 뽑고 교육시키고 관리하며 인력 관리에 대한 학교 수업을 함께 들었다. 그리고 자신이 배운 것을 커피숍에 적용했다. 커피숍을 홍보하기 위하여 마케팅 수업을 들었으며, 수업에서 배운 것이 현실과 너무 동떨어져 적용하기 어렵다는 이야기를 수시로 했다. 그리고 더 적합한 마케팅을 배우기 위하여 마케팅 세미나를 찾아다녔다.

나는 그 친구가 진짜 공부를 했다고 생각한다. 그는 전공과 상관없이 자신이 가게를 운영하며 꼭 필요한 공부를 했다. 많은 학생이 취업을 위해 영어 성적과 학점 등 스펙을 쌓고 있을 때, 즉 노동을 준비하고 있을 때 친구는 자신의 커피숍을 운영하고 그 커피숍을 자신이 없어도 돌아가도록 해 자산으로 만들어가고 있었다. 또한 커피숍의 성공을 바탕으로 똑같은 커피숍을 복제하려고 했다. 지금 생각해보면 그 친구는 처음부터 프랜차이즈를 통해 자산을 확장하기 위해 커피숍을 시작했던 것 같다.

대부분의 학생들은 학교에서 시키는 공부를 열심히 한다. 그리고 좋은 직장에 취직하기 위하여 갖가지 스펙을 쌓는다. 돈을 벌기 위해 돈을 벌 수 있는 노동을 배운다. 하지만 친구는 달랐다. 가정에서 배워왔던 금융 교육을 바탕으로 스스로 자산을 만들어 돈을 찍어냈다. 친구는 자신에게는 이것이 수업이라고 했다. 이제 처음 시작한 공부이기에 잘하지 못할 수도 있다고 했다. 하지만 이 수업이 계속될수록 자신은 더 능숙해질 것이라고 했다.

"세상에는 두 가지 교육이 있다. 노동을 위한 교육과 일자리를 창출하기 위한 교육, 즉 금융 교육이다. 어떤 교육을 받을지는 당신의 선택이다"

부자들의 현금 흐름은 노동에서 나오지 않는다

대학교 2학년까지 나 역시 노동에 대한 교육을 받으며 살아왔다. 자립심이 강해 집에서 돈을 받지 않고 아르바이트를 하며 학비를 충당했지만 학점은 형편없었다. 애초에 아르바이트를 했던 이유는 대학교 학비를 내기 위해서였지만 아르바이트에 전념하다 보니 F학점이 많아 재수강을 해야 했고 급기야 한 학기를 더 다녀야 했다. 학교를 다니기 위해 돈을 벌었지만 정작 학교는 제대로 다니지도 못하는 이해하지 못할 상황이 반복되었다. 그러다 문득 이런 생각을 하게 되었다. 대학교를 우수한 성적으로 졸업해 안정적이고 높은 연봉의 일자리를 갖게 되었다 한들 아무리 열심히 회사 생활을 해도 모이는 돈이 없다면, 아르바이트를 하며 학교에 다니는 지금의 생활과 무엇이 다를까? 나는 생존을 위해 돈을 버는 것이고, 그저 돈을 벌기 위해 일하는 것이 아닐까?

그때쯤 훗날 커피숍을 연 그 친구를 만나게 되었다. 친구의 금융교육은 나를 완전히 바꾸어버렸다. 나는 아르바이트를 구하는 대신에 돈이 나를 위해서 일하게 할 방법을 궁리했다. 새로운 교육을 시작했기 때문에 나는 처음부터 잘할 거라 생각하지 않았다. 어떤 공부든 처음부터 잘하는 것은 불가능하다고 생각했고 나는 학습에 그렇게 뛰어나지 않다고 생각했다.

> "그리고 전통적인 학교 공부와 다르게
> 금융 교육은 이론으로 배우는 교육이 아니다. 끊임없는 경험과
> 시행착오를 통하여 배워가는 교육이다"

그렇게 나는 대학 시절 노동이 아닌 자산을 만드는 교육을 선택했다. 그 당시 내가 생각했던 자산의 개념은 '나의 노동력이 들어가지 않아도 돈이 만들어지는 시스템'이었다. 지금 생각해보니 꽤 괜찮은 정의였던 것 같다. 나는 돈을 위해서가 아닌 돈을 만들기 위한 시스템을 위하여 일하기 시작했다.

새로운 교육 세계에서 나는 아주 미숙했고 여러 번 실패했다. 사실 실패가 아니다. 나에게는 그 모든 것이 교육 과정이었고 사업이라는 세계에서 훌륭한 경험들이었다. 네 번에 걸친 실패 후 나는 처음으로 돈이 열리는 나의 작은 자산 시스템을 가지게 되었다. 영상 편지를 만드는 미래키움이라는 회사였는데, 나는 6개월에 걸쳐 이 회사의 시스템을 완성했고 완벽하게 아무 일도 하지 않아도 돈이 나올 수 있는 시스템을 구축했다. 영상 편지라는 개념이 국내에 없을 때 영상을 만드는 생산 기능, 그리고 영상 편지를 팔 수 있는 마케팅 기능, 다 만들어진 영상 편지를 배송 및 정산하는 기능을 모두 자동화한 시스템을 구축했다. 고객이 160개의 마케팅 제휴 회사(웨딩 컨설팅 회사 및 커플 선물 웹사이트, 오픈 마켓 등)에 주문을 하면 웹에서 접수 후 생산 기능을 담당하는 영상 편지 제작자들에게 분배된다. 이렇게 제작된 영상 편지는 고객에게 전달되고, 이 모든 과정은 내가 없어도 돌아가게 시스템화 되었다.

돈이 나를 위해서 일하게 만드는 시스템을 작게나마 경험해보고 나는 다양한 분야에서 이런 시스템을 만들기 시작했다. 아르바이트를 그만둔 지 2년 만에 나는 더 이상 일을 하지 않아도 내 생활비 이상의 돈을 확보할 수 있었고 더 이상 나의 노동력과 시간을 팔지 않아도 학교를 다닐 수 있게 되었다. 나에게는 시간이 많았기에 돈을 벌어주는 새로운 시스템을 고민했고 새로운 여정을 함께할 팀원들을 모았다. 많은 학생이 도서관에서 토익 점수와 학점을 위해 고군분투하고 있을 때 나는 팀원들과 함께 불편함을 찾고 그것을 해결하며 작지만 세상을 바꾸는 일을 고민했다. 학교를 졸업하고 시간이 흘렀지만 나는 여전히 자산을 만들고 있다. 그 자산에 가치를 담으며, 나의 노동력을 대체할 현금 흐름을 창출해내고 있다.

❝부자들의 현금 흐름은 노동에서 나오지 않는다❞

부자들이 어떤 노동도 하지 않는다는 이야기는 절대 아니다. 부자들은 자산을 위해서 일한다. 매월 지급되는 월급이나 보수를 위해 일하지 않는다는 말이다. 자산을 만들어 다른 사람들을 통해 운영한다. 이것은 다른 사람들의 노동을 활용하는 것이다. 노동을 착취하는 것이 아니라 그 자산을 운영하기 위한 일자리를 창출한다. 그리고 그 자산이 정교한 시스템하에서 자동적으로 돌아갈 때 매년 현금 흐름이 발생한다. 그리고 부자들은 새로운 자산을 만든다. 그래서 더욱 빨리 많은 돈을 벌게 된다.

우리는 오로지 우리의 노동에 의해 돈을 번다. 그래서 스스로에 대한 한계를 만들어버린다. 로버트 기요사키의 《부자 아빠 가난한 아빠》에는 그의 어린 시절 이야기가 나온다. 초등학교 시절 기요사키에게 부자 아빠는 무보수로 일할 것을 가르쳤다. 우리의 상식으로는 이해할 수 없는 일이다. 직장을 다니는 사람들에게 무보수로 일을 하라면 그렇게 많은 사람이 남아 있지 않을 것이다. 그런 일이 있다면 당장 노동부에 가서 악덕 기업으로 신고할 것이다. 나 또한 이 책을 읽을 때 이 부분이 이해되지 않았다. 지금은 부자 아빠가 이야기하는 '무보수로 일을 하라'라는 이야기의 의미를 정확하게 안다. 부자들은 보수를 위해서 일하지 않는다. 무보수로 일을 하며, 자산을 완벽하게 만들었을 때 그 자산을 소유한다. 그리고 자산이 매년 돈을 벌어다주게 한다. 부자 아빠는 어린 기요사키에게 노동이 아닌 자산을 통해서 돈을 버는 방법을 가르쳐주고 싶었던 것이다.

이렇게 생각해보자. 많은 연봉을 받는 스타 운동선수가 있다고 하자. 그들 중 한 사람이라도 연습을 하는 대가로 돈을 받는 것을 본 적이 있는가? 운동선수가 연습을 하는 이유는 충분한 능력을 쌓았을 때 비로소 많은 돈을 창출할 수 있다는 것을 잘 알기 때문이다. 이것은 부자들이 능숙한 사업가가 되기 위해 충분한 실패의 과정을 겪는 것과 비슷하다. 운동선수들은 오랫동안 무보수로 그들의 숙제를 한다. 당신이 성공적인 프랜차이즈 커피숍을 만들고 싶다면, 커피숍에서 아르바이트를 하라. 거기에 보수는 중요하지 않다. 그곳에서 일하며 커피는 어디 커피를 쓰는지, 고객들은 어떤 커피를 좋아하는지, 종업원은 몇 명을 쓰는 것이 적당한지 등 커피숍을 운영하는 입장에서 그 모든 것을 보고 배워라. 그 몇 달간의 경험이 당신의 시행착오를 엄청나게 줄여줄 것이다.

자산을 만들기 위한 경험을 쌓는 데 보수는 중요하지 않다. 나는 내 사업을 만들기 전까지 스무 가지가 넘는 아르바이트를 했다. 이 아르바이트를 통해 나는 내가 16년간 학교에서 배웠던 것보다 더 많은 것을 배웠다. 나는 아르바이트를 할 때 내가 그곳의 사장이라고 생각했고 그러자 배울 것이 너무 많았다. 매월 들어오는 돈은 덤이었다. 나는 아르바이트를 통해 이런 것들을 배웠다.

1. 내가 아르바이트 하는 곳의 인건비, 임대료, 재료비 등을 알 수 있었고 매월 어느 정도의 비용이 지출되는지 알게 되었다.

2. 시간대별로 어떤 고객들이 찾아오는지 알게 되었으며, 하루 몇 명의 고객이 오는지, 테이블당 단가는 얼마 정도인지, 월 매출액은 얼마인지를 알게 되었다.

3. 사장님과 친해진 이후로는 가게를 내기 위해 어느 정도의 투자비가 들었는지도 알게 되었다.

4. 나름의 고객 분석을 통해 사장님께 목표 고객에 따른 마케팅 제안을 했으며 실제로 마케팅을 진행하면서 마케팅에 대한 직접적인 경험도 쌓았다.

5. 어떻게 종업원들을 관리하며, 어떻게 해야 종업원들이 만족하는지에 대해 알 수 있었다.

아르바이트를 통해서 배웠던 것들 덕분에 나는 사업에서 시행착오를 많이 줄일 수 있었다. 보수는 중요하지 않다. 당신이 그 일을 통해서 어떤 것을 배우고 채워나갈 것인지가 더 중요하다. 그리고 그 경험들을 통해서 당신의 자산을 만들어갈 수 있는 능력을 채워나가는 것이 훨씬 중요하다. 다시 한 번 강조하지만 부자들의 현금 흐름은 노동에서 나오지 않는다. 부자들은 자산을 위해서 일하며, 그리고 자산을 만들기 위해 많은 것을 배운다. 자산을 만들기 위해서는 학교에서 배우는 공부와 다른 공부를 해야 한다. 이를테면 이런 것들이다.

1. 리더십: 미션(목적)을 바탕으로 팀을 만들고 그 팀을 이끌어 가려면 훌륭한 리더십이 필요하다. 이것은 충분한 리더십 훈련을 통해 완성되어 간다. 이런 리더십은 학교에서 가르쳐주지 않으며, 스스로 많은 조직을 만들거나 직장에 들어가 팀장 이상의 직위를 경험해야 쌓을 수 있다. 또한 자신을 움직이는 좋은 리더를 만난다면 그 리더를 보고 배울 수도 있다.

2. 의사소통: 팀원들과의 의사소통은 팀을 강하게 만든다. 또한 투자자와의 의사소통을 통한 자금 조달 역시 중요하다. 커뮤니케이션에 대한 지속적인 학습과 경험을 통해 이를 배워나가야 하지만 학교에서는 이런 것들을 가르쳐주지 않는다.

3. 시스템: 훌륭한 기업은 훌륭한 시스템을 가지고 있다. 이 시스템에는 컴퓨터로 프로그래밍 된 회사의 시스템뿐 아니라

어떤 직원을 채용하더라도 그 일을 해낼 수 있게 만드는 매뉴얼 등도 포함된다. 우리가 아는 큰 회사들은 대부분 이런 시스템이 완벽하다. 어떤 업무든 누구나 대체할 수 있고, 고객이 같은 제품과 서비스를 받게 만드는 것이 시스템이다. 예를 들어 맥도날드는 훌륭한 햄버거를 만드는 시스템을 가지고 있다. 그래서 세계 어디서나 같은 맛의 햄버거를 먹을 수 있다. 자산을 만들기 위해서는 이런 시스템을 구축해야 한다.

4. 현금 흐름: 자산을 만들기 위해 필요한 투자금과 자산으로부터 예상되는 현금 흐름, 그리고 실제 투자 수익에 따른 현금 흐름에 대한 공부가 필요하다. 학교에서 가르쳐주는 재무제표 기장 방법 같은 것은 회계사나 세무사가 되기 위해서 필요한 기술일 뿐이다. 이런 것은 세무사나 회계사를 고용하거나 팀에 합류시키면 되며, 자산을 만들기 위해서는 현금 흐름에 대한 지식이 필요하다.

5. 법률: 법률을 고려하지 않고 자산을 만든다면 당신의 자산은 불법적인 방법으로 돈을 벌지도 모른다. 적법한 방법으로 자산을 만들어나가야 하며, 자산을 법적으로 보호받을 수 있도록 특허 관련 지식도 쌓아야 한다. 물론 특허를 직접 출원하기 위해 전문적인 지식을 쌓으라는 이야기는 아니다. 이것 역시 전문가인 변리사나 변호사를 고용하거나 파트너로 함께 일하면 된다.

6. 마케팅: 기술의 발달로 마케팅 채널은 점점 다양해지고 있으며, 학교에서 가르쳐주는 마케팅 기술은 현재 사용하지 않는 것이 많다. 목표 고객에 대한 마케팅 기술을 배울 필요가 있다.

이런 공부는 학교에서는 배울 수 없으며, 시행착오와 경험을 통해 배울 수 있는 것이 훨씬 많다. 절대로 걱정하지 마라. 당신은 16년간의 학습 과정에서 위의 여섯 가지보다 훨씬 많은 과목을 학습했다. 자산을 만들기 위한 여섯 가지 공부는 암기가 필요한 공부가 아니다. 또한 이것은 절대 혼자서 하는 것이 아니다. 우리가 학교에서 배우는 과목은 각자 시험을 치고 등수를 매겼다. 한 반에 두 명의 일등이 있을 수는 없다.

> **"**하지만 자산을 만들기 위한 과정은 다르다.
> 이것은 팀을 만들고 함께 답을 찾아가는 과정이다. 이것은
> 함께 이기는 방법을 가르치는 것이다. 누군가를 이기기 위해
> 누군가를 밟고 일어서야 하는 교육과는 다르다**"**

당신이 모든 분야의 전문가가 될 필요는 없다. 당신은 각각의 전문가들을 하나의 팀으로 만들어 함께 자산을 만들어가면 된다. 철강 왕 카네기는 "당신은 철강에 대해서 얼마나 잘 알기에 그렇게 대단한 사업을 만들 수 있었습니까?"라는 기자의 질문에 이렇게 대답

했다. "저는 철강에 대해서 잘 알지 못합니다. 하지만 철강에 대해 잘 아는 사람을 여럿 알고 있지요." 이것은 팀 프로젝트다. 당신 혼자 하는 것이 아니다. 당신의 팀이 당신을 위한 멋진 자산을 만들어나갈 것이다.

자산과 부채의 차이

학교 교육이 아닌 자산을 만드는 교육을 받기로 결심한 나는 매뉴얼이 없는 새로운 교육 과정을 끊임없이 수행해나갔다. 대학교 때는 학교에서 동아리를 만들고 이끌며 리더십을 배웠으며, 여러 사업을 만들고 운영하며 사업을 하기 위해 필요한 요소들을 배워나갔다. 나는 매번 능숙하지 못했고 시행착오를 겪었다. 이것은 당연한 것이다. 아이가 걷기 위해 수없이 넘어지듯이 나 역시 새로운 교육을 받으며 수없이 넘어졌다.

가끔 나는 사업을 처음 시작하는 사람들이 정말 괜찮은 아이템이라며 성공할 것 같지 않느냐고 물어볼 때 냉정하게 이야기한다. "당연히 실패할 것입니다." 이유는 분명하다. 그들은 능숙하지 못하다. 그래서 시행착오를 여러 번 겪으며 능숙한 자산가로 발돋움하는 것이다. 그것을 인정하면 실패는 당연한 것이다. 왜 처음부터 성공하려 하는가? "실패는 성공의 어머니"라는 유명한 이야기를 남긴 에디슨은 발명가 이전에 GE라는 거대한 기업을 만든 사업가였다. 사업에 있어서 실패는 성공의 어머니이다.

　나는 자랑스럽게 이야기할 수 있다. 나는 정말 많이 실패했다. 나의 사업은 미숙했고 당연히 실패했지만 실패를 통해서 어떤 부분이 필요하고 부족한지 알게 되었다. 내가 대학 시절에 운영했던 영상 편지 제작 회사인 미래키움은 안정적인 현금 흐름을 창출했지만 저작권 법이 바뀌면서 더 이상 사업을 운영할 수 없게 되었다. 나는 법률을 어떻게 해석하는지, 어떻게 보는지도 몰랐기 때문에 법률과 관련된 부분에서 미숙했고 그래서 실패했다. 이밖에도 나는 현금 흐름에 대한 이해가 부족해 실패한 적도 있고 의사소통 능력이 부족해 실패한 적도 있다.

> **"**하지만 중요한 점은 나는 실패를 통하여
> 배웠다는 사실이다. 나에게 이것은 교육 과정이었고
> 나는 기꺼이 즐거운 마음으로 실패를 즐겼다**"**

　성공할 것이라 생각하지 않았기 때문에 실패를 즐길 수 있었고 다음 프로젝트는 더 잘할 수 있다는 확신이 있었다. 여러 사업을 만들고 운영하며, 나는 기업의 시스템을 구축하는 방법과 현금 흐름에 대한 것 그리고 법률에 대한 공부가 꼭 필요하다고 생각했다. 그 공부는 학교에서 할 수 있는 것이 아니었다. 이론적으로 배우는 것은 중요하지 않았고 실제로 적용되는 것을 경험해봐야 했다. 나는 이를 위해 대학교를 졸업하고 회사에 취직했다. 이를 배울 수만 있다면 무보수로 일해도 상관없었다. 나는 여전히 자산을 만들기 위한 교육을 원했고 노동을 파는 교육은 원하지 않았다. 회사에서 일을 하면 월급을 준다. 나는 원하는 교육을 받으며, 돈도 벌 수 있는 행운을 누리게 되었다. 앞서 이야기한 법률, 시스템, 현금 흐름을 모두 배울 수 있는 회사에 들어가기를 원했고 마침내 회사의 신규 자산을 찾고 투자 경제성을 검토하여 자산을 매입하는 곳에서 회사생활을 시작하게 되었다. 여기서 기업의 시스템과 법률 검토, 현금 흐름을 모두 배울 수 있었다. 그리고 학교 교육에서 아주 우수했던 많은 사람과 함께 일하게 되었다.

내가 회사 생활을 하며 만난 사람들은 정말 다들 똑똑했으며 성품도 훌륭했다. 배울 것이 참 많은 사람들이었고 한편으로는 존경스럽기까지 했다. 다만 한 가지 이해할 수 없었던 점은 회사의 자산을 만들기 위해 수없이 검토하고 분석하여 신중하게 회사의 자산을 매입해 현금 흐름을 관리하는 일을 하는 사람들이 정작 자신의 가계에서는 이 방법을 사용하지 않는다는 것이었다. 그리고 그곳에 있는 사람들 대부분에게는 월급이 소득의 전부였다. 회사에서는 자산을 매입하고 현금 흐름을 창출하는 일을 하는 사람들이 왜 자신이 창출한 노동으로 받은 월급으로는 새로운 자산을 만들지 않는지 궁금했다.

이보다 더 이해가 안 되는 것은 모든 사람이 월급을 악착같이 모아서 나쁜 자산을 사버린다는 사실이다. 자동차를 사고 집을 사버린다. 회사에서 자동차는 매출을 발생시키기 위한 필요에서 구입하는 것이다. 회사는 아파트를 매입하여 오르기를 기다리지 않는다. 매출을 발생시키기 위해 자산을 매입하며, 그 모든 자산은 매년 일정하게 가치가 줄어든다(감가상각). 그래서 몇 년 안에 투자한 총금액을 회수할 수 있는지 검토한다. 자동차나 집은 매년 감가상각이 되어 가치가 줄어들며, 매년 비용만을 발생시킨다. 따라서 월급이 올라도 그것보다 많은 비용을 스스로 증가시켜 나갔다. 나는 이것이 금융 교육의 차이라고 생각했다. 함께 일하는 사람들 모두 교육을 많이 받은 똑똑한 사람들이었지만 금융에 있어서는 똑똑하지 못했다. 다시 말해 좋은 자산과 나쁜 자산의 명확한 차이를 인식하지 못하는 것 같았다.

나는 나의 두 번째 교육 기간인 회사 생활 동안 재무적인 목표도 수립했다. 비용을 최대한 통제했으며, 매년 순이익을 최대한 많이 만들었다. 그리고 이 순이익을 자본금으로 하여 새로운 자산을 만들어갔다. 즉, 뒷장의 그림과 같은 부자들의 현금 흐름 공식을 따랐다.

이것은 부자들의 현금 흐름 공식이자 회사의 현금 흐름 공식이기도 하다. 나는 회사가 자산을 매입하는 방법을 스스로에게 적용했으며, 이런 방법으로 끊임없이 새로운 자산을 만들어나갔다. 새로운 자산은 근로 소득 외의 다른 현금 흐름을 창출했고 더 많은 자산을 만들어나갈 수 있다.

다른 남자들처럼 나도 어렸을 때부터 차를 좋아했다. 멋진 브랜드의 자동차를 타는 것은 어렸을 때부터 나의 로망이었고 어른이 되면 나의 드림카를 가지겠다고 다짐했다. 나뿐 아니라 많은 사람이

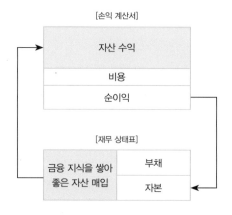

부자들의 현금 흐름

이런 생각을 하면서 성인이 된다. 그리고 돈을 모아 자신의 드림카를 사버린다. 비싸고 좋은 차를 사는 것은 개인의 욕구이기 때문에 나는 절대로 그것을 부정할 생각이 없다. 다만 이런 비싼 자동차는 몇 년에 걸친 소득을 상쇄시키며, 매년 많은 비용을 발생시켜 현금 흐름에 부정적인 영향을 준다. 그렇다고 원하는 드림카를 가지지 말라는 이야기는 아니다. 자동차를 살 돈으로 돈을 벌어다주는 자산을 만들고 그 자산이 자동차를 사게 하라는 것이다.

먼저 대부분 사람들의 경우에서 자동차 구입에 따른 현금 흐름을 살펴보자. 여기서는 10년 동안 자동차를 유지한 후 중고차로 처분한다고 가정했다.

자동차를 구입하면 보험료, 유류비, 재산세, 기타 소모품 교체 비

	0년차	1년차	2년차	3년차	4년차	5년차	6년차	7년차	8년차	9년차	10년차	합계
자동차 구입	−4,000											
보험료		−80	−80	−80	−80	−80	−80	−80	−80	−80	−80	
유류비		−200	−200	−200	−200	−200	−200	−200	−200	−200	−200	
소모품						−50	−50	−50	−50	−50	−50	
재산세		−50	−50	−50	−50	−50	−50	−50	−50	−50	−50	
잔존 가치											1,000	
현금 흐름	−4,000	−330	−330	−330	−330	−380	−380	−380	−380	−380	620	−6,600

대부분 사람들의 자동차 구입 현금 흐름 (단위: 만 원)

용 등의 비용이 발생하게 된다. 위의 표와 같이 10년 동안 자동차를 유지하고 중고차로 판다는 가정하에서 발생하는 총비용은 무려 6600만 원이다. 물론 자동차 가격에 따라서 차이가 날 수 있지만 비용이 많이 드는 것에는 변함이 없다. 왜 자동차를 나쁜 자산으로 분류해버리는지 한눈에 알 수 있다. 거듭 이야기하지만 나는 절대로 자동차를 사지 말아야 한다고 말하는 것이 아니다. 다만 나는 자동차를 갖기 위한 플랜이 있었다. 이 플랜은 자동차의 유지비를 0원으로 만들고, 내가 직접 자동차를 구매하는 것이 아니라 나의 자산이 자동차를 구입하게 만들어주는 방법이었다.

이 표는 앞의 표보다 조금 더 복잡하다. 나는 자동차(나쁜 자산)를 매입하기 위해 좋은 자산을 먼저 샀다. 그 자산은 부산에 있는 한 오피스텔이었는데 1억 원 정도 시세의 오피스텔을 협상을 통해 1000만 원 정도 저렴한 9000만 원에 매입했다. 그중 5000만 원은 은행에

	0년차	1년차	2년차	3년차	4년차	5년차	6년차	7년차	8년차	9년차	10년차	합계
오피스텔 구입	-4,000											
월세		840	840	840	840	840	840	840	840	840	840	
이자 비용 (3.5%)		-175	-175	-175	-175	-175	-175	-175	-175	-175	-175	
자동차 구입 (오피스텔 보증금 으로 선금 납부)	-1,000	-600	-600	-600	-600	-600						
보험료		-80	-80	-80	-80	-80	-80	-80	-80	-80	-80	
유류비		-200	-200	-200	-200	-200	-200	-200	-200	-200	-200	
소모품						-50	-50	-50	-50	-50	-50	
재산세		-50	-50	-50	-50	-50	-50	-50	-50	-50	-50	
잔존 가치											5,000	
현금 흐름	-5,000	-265	-265	-265	-265	-315	285	285	285	285	5,285	50

나의 자동차 구입 현금 흐름   (단위: 만 원)

* 오피스텔 총 구입 비용: 9,000만 원(은행 대출 5,000만 원 / 내 투자금 4,000만 원)
* 보증금 1,000만 원 / 월세 70만 원
* 자동차 구입(선금 1,000만 원, 월 50만 원씩 5년간 할부)
* 잔존 가치: 오피스텔 잔존 가치 4,000만 원(내 투자 금액에 대한 잔존 가치 반영) + 자동차 잔존 가치 1,000만 원

서 3.5퍼센트의 금리로 대출했고 나머지 4000만 원(내가 원하던 자동차를 구입하기 위해 이 정도 금액이 필요하였다)은 내 돈이었다. 이 오피스텔은 보증금 1000만 원, 월세 70만 원에 세입자를 받을 수 있었고 나는 매월 현금 흐름이 생겼다. 수익률로 따지면 오피스텔 전체에 대한 수익률은 10.5퍼센트였으며, 나의 투자금에 대한 수익률은 16.6퍼센트였다. (부동산 거품이 심한 요즘은 이런 투자 수익률의 자산을

찾는 것이 쉽지 않지만 지역에 따라 아직도 이런 자산은 많다. 또한 부동산 가격이 제자리를 찾아갈수록, 즉 자산 가격이 떨어질수록 더 많은 자산이 수익률이 좋아진다.)

나는 세입자에게 받은 1000만 원의 보증금으로 나의 드림카를 샀다. 선금 1000만 원에 나머지 잔금은 매월 50만 원씩 5년간 할부로 내는 조건이었다. 나는 매월 들어오는 월세에 은행 이자를 제하고도 연간 665만 원의 현금 흐름이 발생했고 이 돈으로 자동차 할부금 및 보험료, 유류비, 소모품비 등을 충당할 수 있다. 10년을 유지한 후 자동차를 처분한다고 가정했을 때 자동차의 잔존 가치는 다른 사람들이 산 자동차와 마찬가지로 1000만 원이지만, 오피스텔의 잔존 가치는 부동산의 특성상 거의 변화가 없다. (실제로는 부동산의 가격이 매년 감가상각만큼 떨어져야 하지만 부동산 자산의 특성상 매년 현금 흐름을 발생시키므로 가치가 보존된다.) 잔존 가치를 반영하여 10년 후 현금 흐름을 확인해보면 오히려 자동차를 구입하고 10년 동안 유지했음에도 불구하고 현금 흐름이 플러스다. 위의 대부분 사람들의 자동차 구입에 따른 현금 흐름에서의 −6600만 원과 비교하면 6650만 원이나 현금 흐름에서 차이가 나는 셈이다.

나는 실제로 자산을 먼저 매입하는 방법으로 자동차를 구입했으며, 지금도 매년 자동차 유지비를 자산에서 나온 현금 흐름으로 충당하고 있다. 금융 지식의 차이는 삶의 많은 것을 바꿔버린다. 단순히 자동차 구입에 따른 현금 흐름만 살펴봐도 10년 동안 6000만 원이 넘는 돈이 차이가 난다. 나는 이런 방법으로 내가 살 집을 사기 위한 자산 플랜을 수립했으며, 나의 자산은 내가 원하는 집을 사줄 것이다. 좋은 자산과 나쁜 자산의 차이를 알기 바란다. 그것은 당신이 영어를 얼마나 능숙하게 하는지보다 훨씬 중요한 문제이다. 이 차이를 잘 모르면 아무리 많은 돈이 들어온다고 해도 그 돈은 머지 않아 사라지게 된다. 자동차와 집은 나쁜 자산이다. 물론 나는 이것이 필요하지 않다고 이야기하는 것은 아니다.

> **"**현금 흐름 측면에서 나쁜 자산을 먼저 구입하게 되면
> 당신은 빠르게 가난해질 것이다. 이것은 불변의 진리이다.
> 나는 당신이 좋은 자산을 먼저 갖기를 원한다**"**

이 자산이 당신에게 꼭 필요한 나쁜 자산(자동차, 집)을 사줄 것이다. 그리고 당신의 현금 흐름은 점점 더 좋아질 것이다. 자동차가 필요한가? 또는 자동차를 바꿀 계획을 가지고 있는가? 당신의 자동차 구입 프로젝트를 위한 자산 플랜을 수립하라. 당신이 원하는 멋진 자동차를 가질 수 있을 것이다.

돈이 없어도 돈을 벌 수 있다

어렸을 때부터 나는 "돈이 있어야 돈을 벌지"라는 주변의 이야기를 수없이 들어왔다. 그래서 돈을 벌기 위해서는 많은 돈이 있어야만

하는 줄 알았다. 나는 번화가에 빌딩을 소유한 사람들은 원래부터 돈이 많았던 아주 특별한 사람들인 줄 알았고, 거대 기업의 오너들 역시 처음부터 아주 많은 돈을 가진 사람들인 줄 알았다. 그리고 사람들은 말한다. "지금은 시대가 변했어. 이제 예전처럼 돈을 벌 수 있는 시대는 끝났어." 하지만 반대편에서는 새로운 부자들이 수없이 탄생한다.

나는 생각의 방향이 아주 중요하다고 생각한다. "나는 부자가 될 수 없어. 나는 돈을 많이 벌 수 없을 거야"라고 이야기하는 사람은 절대로 부자가 될 수 없다. 그들의 생각의 방향은 이미 돈을 벌지 못하는 쪽으로 훈련되어 있기 때문이다. 부는 세습된다. 하지만 그 부가 유지될 수 있는 것은 금융 지식을 세습했는지에 따라 달라진다. 나의 금융 교육 프로그램 중에는 로또에 당첨되었다고 가정하고 한 사람에게 30억 원씩 가상의 돈을 주는 프로그램이 있다. 그리고 그 돈으로 사고 싶은 것들을 사게 한다. 재미있는 것은 10명 중 9명은 나쁜 자산을 산다는 것이다. 최고급 스포츠카나 펜트하우스, 요트 등을 산다. 그리고 이 상태로 금융 시뮬레이션 게임을 진행한다. 나쁜 자산을 산 9명은 두 바퀴를 더 돌기 전에 모두 파산하게 된다. 나는 이것이 금융 지식의 차이라고 생각한다. 돈이 많고 적음은 중요하지 않다.

나는 모노폴리 게임을 어렸을 때부터 즐겨했다. 모노폴리 게임의 룰은 간단하다. 다른 사람의 돈을 내 주머니로 빨리 옮기는 것이다. 그리고 게임에서 나머지 플레이어들이 파산하면 승리한다. 이 게임

모노폴리 보드게임

은 금융 지식을 가장 쉽게 이해시키기 위해 만들어진 게임이다. 상대방이 파산하기 위해서는 상대방의 돈을 내 주머니로 빨리 옮겨야 하는데 강제로 돈을 빼앗아서 옮기는 것이 아니다. 이 게임에서는 정당한 대가를 요구하며 돈을 지불하게 만든다. 그것은 내가 나의 땅을 사고 땅에 주택이나 건물, 호텔을 지어 상대방에게 임차료나 숙박비를 요구하는 것이다(모노폴리는 '독점'이라는 뜻이다). 같은 색깔의 땅을 모두 한 사람이 소유하면 임차료를 두 배로 받을 수 있다. 게임에서 이기기 위해서는 같은 색깔의 땅을 빠르게 독점하여 그 땅에 건물을 올리고 많은 임차료를 받아야 한다.

나는 이 게임이 현실에서도 똑같이 일어난다고 생각한다. 이 게임이 부자들을 위한 게임이라고 이야기하는 것은 부자들이 현실 세계에서 이 게임을 똑같이 하고 있기 때문이다. 모노폴리 게임에서는 게임 판을 한 바퀴 돌 때마다 일정 금액을 지급한다. 나는 이것이 현실 세계에서의 연봉이라고 생각한다. 한 바퀴는 1년을 의미하며, 모든 플레이어가 똑같은 연봉을 받으며 이 게임에 참여한다. 하지만 결국 땅과 건물을 많이 지은 플레이어가 게임의 승자가 된다. 즉, 자산을 많이 보유하여 자산이 새로운 현금 흐름을 발생시켜야만 게임에서 이길 수 있다.

> **" 우리는 모두 모노폴리 게임 판 위에서 사는 인생이다.
> 하지만 우리는 이 게임에서 승리하는 법을
> 배운 적이 없다. 그래서 한 바퀴 돌 때마다 받는 연봉을
> 더 올리기 위해 살아간다. 그러나 부자들은 어떻게 하면
> 이 게임에서 승자가 되는지 알고 있다. 그들은 연봉보다
> 자신들이 만들어가는 자산을 늘려나간다 "**

그리고 그 자산을 통해 다른 사람들이 자신에게 돈을 내도록 한다. 반면 우리는 더 많은 연봉을 받아도 더 많은 돈을 부자들에게 지출한다. 그리고 어느 순간 매년 받던 연봉이 멈춘다.

한 유명한 카페 거리가 있다. 이 카페 거리는 점점 유명해졌고 사람들이 몰려들었다. 사람마다 취향에 따라 선호하는 커피숍이 다르므로 사람들은 이 카페 거리에서 자기 취향에 맞는 커피숍을 찾았다. 그런데 놀라운 사실은 이 카페 거리의 커피숍들이 모두 한 사람

소유였다는 것이다. 사람들이 어떤 커피숍에 들어가든 카페 거리 소유자는 돈을 벌었다. 그 사람은 현실 세계에서 모노폴리 게임을 하며 하나의 모노폴리를 완성한 셈이다.

　다시 내가 대학 시절 운영했던 영상 편지 제작 회사 이야기로 돌아가 보면, 고객은 저마다 취향도 달랐고 희망 구매 가격도 달랐다. 예를 들어 프러포즈를 하려는 고객은 영상 편지가 좋은 퀄리티라면 고가여도 기꺼이 구매했다. 반면 기념일이나 생일 선물로 영상 편지 구매를 원하는 사람들은 선물과 함께 영상 편지를 준비하기 때문에 비싼 가격의 영상 편지는 꺼렸다. 나는 온라인에 세 개의 가게(온라인 쇼핑몰)를 만들었다. 모두 똑같은 영상 편지를 판매하는 사이트들이었지만 타깃 고객은 모두 달랐다. 첫 번째 사이트는 최고가, 최고 퀄리티의 사이트로 영상 편지 구매 가격이 12만 원 정도였다. 두 번째, 세 번째 사이트는 각각 8만 원 정도의 중가 사이트와 5만 원대의 저가 사이트로 저마다 목표 고객과 콘셉트를 달리했다. 고객들은 세 개 사이트를 모두 같은 회사가 운영한다는 사실을 모른다. 하지만 나는 세 개의 온라인 상점을 운영하며 타깃별 고객을 모두 잡을 수 있었다. 나는 나만의 모노폴리를 온라인에서 만들고 있었다. 오프라인에서 이 세 개의 상점을 운영하려면 많은 돈이 들었겠지만 온라인은 아주 적은 돈으로도 가능하다. 내가 이것을 모두 구축하는 데 필요했던 돈은 1000만 원이 안 되었다. 돈이 없어도 돈을 벌 수 있다. 다시 이야기하자면 돈을 버는 것은 당신이 아니라 당신의 자산이다.

자산을 만들기 위해서 많은 돈이 필요한가? 그럴 수도 있고 아닐 수도 있다. 당신이 어떤 유형의 자산을 만드는지에 따라서 차이가 많이 난다. 앞서 소개했던 웹이나 모바일의 소프트웨어 자산은 상대적으로 적은 돈으로 자산을 만들어나갈 수 있다. 당신이 소프트웨어 개발자라면 훨씬 쉽다. 많은 신흥 부자가 소프트웨어 자산을 통해 부자가 되었다. 페이스북의 마크 주커버그, 구글의 세르게이 브린 등이 이런 유형이다. 소프트웨어가 아닌 임대 부동산이나 제조 공장 등의 자산을 만들기 위해서는 많은 돈이 필요하다. 하지만 이 역시 상당 부분 외부에서 자금을 조달할 수 있다. 그리고 경우에 따라서는 당신의 돈 없이도 외부에서 조달한 자금만으로 자산을 만들 수 있다.

'돈이 있어야 돈을 번다'라는 이야기는 거짓말이다. 나는 그렇게 말하는 사람들은 돈이 없어도 돈을 버는 방법을 모르기 때문이라고 생각한다. 당신이 좋은 아이디어와 좋은 팀을 가지고 사업을 만들어 자산을 만들려고 한다면 정부는 당신을 적극 도울 것이다. 당신은 당신의 돈 없이 외부 자금으로 충분히 많은 자산을 만들어낼 수 있다. 그리고 그 자산이 당신을 위해 일할 것이다. 스스로 불가능하다고 이야기하기 전에 방법을 찾아라. 조금만 둘러보면 의외로 많은 사람이 돈 없이도 많은 돈을 벌고 있으며 그 방법을 알고 있다.

6장
회사처럼 당신의 가계를 경영하라

당신은 회사를 다니고 있는가?
당신의 회사는 어떤 자산을 만들어가는가?
그 자산을 만들기 위해 어떻게 자금을 조달하는가?
당신에게 월급을 주며 어떤 일을 시키는가?
답은 가장 가까운 곳에 있다.
회사처럼 당신의 가계를 경영하라.

회사는 자산을 만든다

나는 대학교를 졸업하고 나의 두 번째 교육을 시작했다. 두 번째 교육의 터전은 학교가 아닌 회사였고, 회사에서 자산을 위한 두 번째 교육이 시작되었다. 나는 회사가 어떤 자산을 만들고 어떻게 현금흐름을 창출하는지 공부하고 싶었다. 나는 자산을 만드는 부서에 입사하여 회사의 자산을 만들기 위한 공부를 할 수 있었다.

내가 일했던 회사는 대기업 그룹으로 계열사별로 잘 조직되어 있었다. 계열사 수만 100개가 넘었고 회사별로 각 분야에서 다른 자산을 만들어나갔다. 예를 들어 통신 회사는 통신과 관련된 네트워크를 자산으로 하여 지속적으로 자산을 확장해나갔고, 에너지 회사는 에너지를 생산하기 위한 플랜트 및 에너지를 유통시키기 위한 유틸리티를 자산으로 하여 확장해나갔다. 그리고 자산 확장은 확장된 자산으로부터 증가되는 매출액과 증가되는 순이익으로 평가받았고 이 평가 결과에 따라 직원들은 성과급을 받기도 했다. 그룹 안에는 통신, 에너지, 건설, 해운, 반도체 등 다양한 사업을 하는 계열사가 있었지만 그룹 전체가 잘 정비된 시스템 안에서 조직적으로 움직이고 있었다. 다른 계열사였지만 모든 회사가 하는 일은 비슷했고 반복적이었다.

1. 해당 분야의 투자 수익성이 좋은 자산을 찾는다.
2. 자산을 사기 위한 자금을 조달한다.
3. 자산을 매입한다.
4. 현금 흐름을 관리한다.
5. 현금 흐름이 자본으로 흘러가며, 추가 자금 조달(부채 및 자본)을 통하여 자산을 확장한다.
6. 현금 흐름을 더 많이 창출한다.
7. 이 모든 과정을 시스템화 하며 자동으로 돌아가도록 만든다.

이 일곱 가지 과정을 반복적으로 순환시키며 회사를 성장시킨다. 회사의 모든 부서는 이 과정 안에서 일을 하게 되며, 잘 프로그래밍

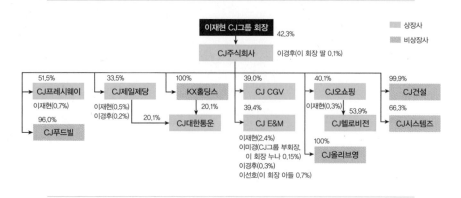

CJ그룹 지분 구조도

출처: CJ그룹(2014년 말 기준)

된 회사의 여러 시스템과 수많은 매뉴얼을 바탕으로 일을 한다. 사실 이 모든 것이 시스템화 되면 회사는 자동적으로 성장한다. 해당 자산에 있어서 지속적으로 노하우가 쌓이며, 진입 장벽이 만들어지고, 그래서 시스템을 바탕으로 자산을 지속적으로 확장할 수 있다. 시장이 포화될 때까지 자산 확장이 가능하고, 이렇게 확장된 자산을 바탕으로 많은 현금 흐름을 발생시킬 수 있다. 그리고 이렇게 축적된 현금으로 새로운 성장의 축인 다른 자산을 만든다. 성공한 기업들은 이런 과정을 겪었다. 내가 입사한 그룹도 같은 과정을 통하여 성장했으며, 수많은 계열사를 거느릴 수 있었다.

위 그림은 CJ그룹의 지분 구조다. 이 기업 역시 성공한 다른 기업들의 성장 과정을 따라 성장해나갔다.

1. 1953년 제일제당으로 시작한 회사는 설탕을 공급하기 위한 공장 및 기계 자산을 만들어나갔다.

2. 현금 흐름을 지속적으로 발생시켰으며 설탕 공장을 확장해 자산을 확장시켰다.

3. 1958년 제분 사업으로 사업 영역을 넓혀 제분 사업을 위한 제분 공장 건설 등 신규 자산을 확보해나갔다.

4. 제분 사업과 설탕 사업을 바탕으로 만들어낸 현금 흐름으로 1963년 원형 산업을 인수하여(신규 자산 확보) 조미료 사업을 시작했다.

5. 1973년 기업 공개 및 주식 상장을 통하여 주식 시장으로부터 더 많은 자금 조달이 가능하게 되었다.

6. 지속적으로 공장을 확장하고 다시다, 식용유 등으로 사업 영역을 확장하며 성장해나갔다.

7. 1984년 국내 노하우를 바탕으로 자산을 해외 시장으로 확장하여 해외 공장 설립과 해외 판로 개척을 해나갔다.

8. 1990년 식품 시장이 점점 포화되자 생활화학 제품으로 자산을 다각화하기 시작했으며, 생활화학 제품 생산을 위한 자산을 확보해나갔다.

9. 1994년에는 외식 사업에 진출하여 프랜차이즈 사업을 통해 자산을 확보해나갔다.

10. 여러 계열사들의 현금 흐름을 바탕으로 1997년 방송국 엠넷(M.net)을 인수하고(신규 자산 확보) 1998년 CJ GLS를 설립

하여 물류 및 유통업에 진출했다.

11. 현재 CJ그룹은 식품 및 식품서비스 사업군, 생명공학 사업
군, 엔터테인먼트 및 미디어 사업군, 신 유통 사업군 등 4대
사업군의 자산을 통해 현금 흐름을 창출해내고 있다.

예로 살펴본 CJ그룹뿐 아니라 우리가 아는 대부분 국내외 기업이
자산을 확보하고 이로부터 현금 흐름을 창출하며 그 현금 흐름으로
새로운 자산을 만드는 반복적인 과정을 통해 성장해나간다. 그리고
이 자산을 얼마나 빨리 확장할 수 있는지가 성장 동력을 결정한다.
한 분야의 자산이 확장의 한계에 직면해 신규 자산을 사들이는 과정
속에서 기업은 여러 계열사를 거느리게 된다. 회사가 확보하는 자
산은 다음과 같다.

1. 보유 자산을 국내외로 빠르게 확장한다.
2. 다른 회사의 지분을 확보해 그 회사를 인수하거나 주요 주
주가 된다.
3. 신규 사업 진출을 위해 직접 공장이나 기계 자산을 매입한다.
4. 핵심 기술력 확보를 위해 특허 자산을 매입한다.
5. 현금 흐름 창출을 위해 부동산을 매입한다.

만약 회사가 이런 자산을 만들지 않고 비용만 증가시키는 나쁜
자산, 이를테면 최고급 스포츠카나 요트, 펜트하우스를 산다면 어

떻게 될 것인가? 현금 흐름으로 이런 나쁜 자산을 산다면 매년 현금 흐름은 나빠질 수밖에 없다. 만약 당신이 투자를 한다면 이런 의사결정을 하여 나쁜 자산들만 만들어가는 회사에 투자하겠는가? 이런 의사결정을 반복한다면 회사는 파산할 수밖에 없다.

회사는 현금 흐름을 창출하는 자산을 만들어간다. 만약 회사가 자산을 통해 만든 현금 흐름으로 아무것도 하지 않으면 어떻게 될 것인가? 만약 그렇게 번 현금을 은행에 가만히 예치한다면? 은행의 이자 수익은 생기겠지만 기존에 돈을 버는 자산의 시장이 포화 상태가 되거나 경쟁이 치열해지면 현금 흐름이 급격하게 나빠지기 시작할 것이다. 또한 주주 입장에서는 그 회사에 투자하는 것과 은행에 예치하는 것 사이에 차이가 없다. 그래서 회사는 매년 자산을 만들기 위한 투자 결정을 하고 신규 자산을 확보해나간다. 또한 자산에 대한 수익률을 높게 관리하여 기존의 주주들을 만족시키고 더 많은 투자자를 끌어들인다.

당신이 직장인이라면, 회사에서 회사의 자산을 만들거나 만들어진 자산을 안정적으로 관리하거나 자산으로부터 나오는 현금 흐름에 기여하기 위하여 일을 할 것이다. 직장인들은 다음과 같은 일을 통해 회사의 자산 확보 또는 현금 흐름에 기여한다.

1. 생산팀: 회사의 자산을 활용하여 제품을 만들어내는 일을 한다. 이 제품은 회사의 손익 계산서상 매출에 기여한다.
2. 마케팅팀·영업팀: 회사의 제품을 판매하거나 판매 현황을

관리하는 일을 담당한다.

3. 법무팀: 회사의 자산 및 제품을 법적으로 보호하고 특허 출원 등을 통하여 자산 및 제품 경쟁력을 확보한다.

4. 재무팀: 회사의 현금 흐름을 관리하며 자산 확보를 위한 자금 조달을 담당한다.

5. CS팀: 고객 만족도를 높이는 행위를 통하여 재구매를 높이고 회사의 브랜드 이미지 등을 관리한다.

6. 기술 및 연구개발팀: 기술 개발을 통하여 회사의 신규 자산을 개척하는 일을 한다.

7. IT팀: 시스템 구축을 통하여 업무의 효율성을 높인다.

8. 인력팀·경영지원팀: 직원의 채용, 퇴직, 복리후생 및 회사 운영을 위한 전반적 사항을 관리 및 지원하는 역할을 한다.

9. 기획팀: 회사의 성장 방향을 결정하고 그 방향에 따라 신규로 확보해나갈 자산 영역을 정하며 투자 계획을 수립한다.

당신이 직장인이고 지금 회사를 다니고 있다면 위의 업무 중 하나에 관련된 일을 하고 있을 것이다. 대단히 아이러니한 것은 당신은 회사의 자산을 구축하거나 자산의 일부로 일을 하고 있으면서 정작 당신의 가계는 이렇게 관리하지 않는다는 점이다. 당신이 열심히 일해서 만든 현금 흐름을 당신은 어떻게 관리하는가? 당신도 회사처럼 자산을 만들어가는가? 아니면 비용을 증가시키는 나쁜 자산을 만들어가고 있는가?

부자들은 회사처럼 자산을 만들어나간다. 회사를 직접 만들기도 한다. 우리가 알고 있는 부자들 중에는 회사를 만든 오너들이 많다. 위에서 예로 든 CJ그룹의 회장 역시 CJ그룹의 최대 주주로 이 회사를 통하여 영화관, 홈쇼핑, 식품 회사, 물류 회사 등 수많은 회사를 자신의 자산 포트폴리오로 만들어나갔다. 부자들의 자산 목록에는 현금 흐름을 창출해내는 부동산, 기업체의 지분, 저작권 등이 있고 매년 자산에서 나오는 현금 흐름을 바탕으로 새로운 자산을 만들어나간다.

당신이 경제적으로 풍요로운 삶을 살기를 원한다면, 당신의 유일한 현금 흐름인 근로 소득을 바탕으로 새로운 자산을 만들어나가야 한다. 새로운 자산을 만들어내는 방법은 당신이 일하고 있는 당신의 회사 안에 있다. 다시 한 번 당신의 회사가 어떻게 자산을 만들어내는지 살펴보라. 그리고 당신의 가계를 어떻게 운영해야 되는지 생각해보라.

지금부터 회사처럼 당신의 가계를 경영하는 방법을 몇 가지 소개할 것이다. 이 방법이 당신에게 많은 도움이 될 것이라 확신한다. 회사는 매년 재무 상태표를 작성한다. 재무 상태표는 회사의 그 당시 상황을 가장 정확하게 나타내는 표이며, 어떻게 자본을 조달하여 어떤 자산을 구입했는지 그 내역을 확인할 수 있다. 사실 대부분의 가계는 이 재무 상태표를 작성하지도 않으며, 손익 계산서만을 바탕으로 재무 계획을 수립한다. 매년 손익을 나타내는 손익 계산서는 재무 상태표의 결과로, 자산이 얼마나 효율적으로 작동했는가를 나타

(1)자산	(2)부채
① 이익 발생 자산 ② 비용 발생 자산 ③ 현금성 자산	① 은행 대출 ② 보증금 ③ 기타 채무
	(3)자본 ① 당해 잉여금 ② 누적 잉여금

가계의 재무 상태표

내는 지표이다. 따라서 손익 계산서보다는 재무 상태표가 훨씬 중요하다. 우리는 대부분 이 사실을 모른다. 따라서 손익 계산서는 열심히 작성하는 반면(가정에서 작성하는 가계부는 손익 계산서의 형태이다) 재무 상태표는 작성하지 않는다. 당신 가계의 재무 상태표를 작성하는 것이 가장 첫 번째 단계이자 가장 중요한 일이다.

위의 그림처럼 가계의 재무 상태표를 작성해보라. 유심히 살펴봐야 할 것은 (1)자산 부분이다. 만약 당신의 자산이 ① 이익 발생 자산이 월등하게 크고 자산 대비 수익률이 높다면 당신은 꽤 높은 금융 지식을 가지고 있는 것이며, 당신의 경제적 자유는 멀지 않았다. 내가 봤던 많은 가계는 ② 비용 발생 자산의 자산 비중이 높은 경우가 대부분이었다. 이런 가정의 가장 큰 문제는 비용이 지속적으로 증가하며, 이를 감당할 근로 소득이 타격을 입는 순간 매년 현금 흐름이 마이너스로 변한다는 점이다. 안타까운 것은 예외 없이 모든 가정에서 시간이 지나면 근로 소득이 멈춘다는 것인데, 이 순간부터 자산이 발생시키는 비용을 감당할 수 없어 문제가 생기기 시작한다. ③ 현금성 자산이 대부분인 가정도 있다. 이 가정은 대부분의 현금성 자산을 은행에 예금 형태로 넣어두는데 은행의 예금 이자로 이익이 발생하지만 이것은 물가 상승률에 미치지 못한다. 따라서 이자 소득을 포함한 현금성 자산이 실제 가치를 보존하지 못한다는 문제가 생긴다.

물론 당신이 신용이 축소되는(부채가 줄어드는), 그래서 돈의 절대량이 축소되는 시대인 디플레이션 시대에 직면한다면 현금을 가지고 더 저렴한 자산을 사기 위한 전략이 필요할 수도 있다. 하지만 이역시 충분한 금융 지식을 가지고 적절한 투자 수익률을 보장해줄 수있을 때 투자하는 전략이 필요하지 싸게 사서 비싸게 팔기 위한 투기의 전략은 위험하다.

재무 상태표 작성을 통하여 당신의 자산 현황을 살펴볼 수 있다. 자산 현황이 ②에 치우쳐 있다면 당신은 가난해질 것이며, 매년 더 많은 비용으로 당신의 자본은 줄어들 것이다. 따라서 비용을 발생시키는 자산에 편중되어 있는 자산 포트폴리오는 처분하고 이익을 발생시키는 자산으로 변경해야만 한다. 당신의 자산이 현금에 편중되어 있다면, 인플레이션인지 디플레이션인지 향후 통화 정책에 따라서 전략을 달리할 필요가 있으며 인플레이션 시대라면 더 적극적으로 투자 수익률이 적절한 자산에 투자하여 현금 흐름을 창출해야 한다. 디플레이션 시대라면 현금을 보유하고 더 많은 자산을 비교하여 적절한 투자 수익률을 선별해내는 과정이 필요하다. 그리고

건물 팔아 현금확보? 상장사 부동산 처분액 1조 '훌쩍'

베즈앤라이프팀

입력 : 2015-05-11 10:52:21 | 수정 : 2015-05-11 10:52:21

댓글 | 글자크기 + -

불황 여파로 보유하고 있는 건물 등 부동산을 처분해 현금을 확보하는 상장사들이 늘고 있다. 올해 매각했거나 예정인 부동산 매각 규모만도 1조원을 훌쩍 넘는다.

11일 금융감독원 전자공시스템에 따르면 유가증권시장과 코스닥 상장사(자회사 포함)가 올해 들어 지난 8일까지 처분했거나 처분 예정이라고 공시한 유형자산 규모는 모두 1조6346억여원으로 집계됐다.

올해 자산 처분 등을 공시한 상장사(기재정정 포함)는 유가증권시장 상장사 15곳과 코스닥 상장사 10곳 등 모두 25곳이다. 5곳 중 4곳은 자산 처분 목적을 '재무구조 개선과 유동성 확보'를 위한 것이라고 밝혔다. 처분 대상은 주로 '토지' 혹은 '토지와 건물'이다.

40년 간 보유해온 본사 매각에 나선 동국제강이 대표적이다. 본사건물을 매각한 뒤 임대하는 형식으로 계속 쓸 계획이다.

출처: 경향 비즈앤라이프

디플레이션 시대에는 현금을 보유하고 신용 축소(부채 감소)에 따른 자산 가격 하락을 기다리는 것도 하나의 전략이다. 실제로 디플레이션이 예상될 때 현금 확보를 위해 자산을 파는 기업도 많다.

경제 상황에 따른 자산의 매각 시기 판단은 어렵지 않다. 보유한 자산의 현재 가격을 기준으로 투자 수익률을 계산해보는 것이다. 현재 가격 기준으로 투자 수익률이 충분하지 않다면 자산을 매도해야 한다는 신호다. 예를 들어 다음과 같은 건물을 자산으로 가지고 있다고 가정해보자.

　　ㅡ 매입 시 건물 가격: 5억 원
　　ㅡ 은행 대출(대출 금리 6%): 3억 원

- 자기 자본: 1억 5000만 원

- 보증금 5000만 원 / 연간 임대료 4000만 원

- 자기 자본 투자 수익: 2200만 원 (연간 임대료 4000만 원 − 대출 이자 1800만 원)

- 건물 전체의 투자 수익률: 8.9% (연간 임대료 4000만 원 / 보증금 제외 매입 시 건물 가격 4억 5000만 원)

- 자기 자본 투자 수익률: 14.7% (자기 자본 투자 수익 2200만 원 / 자기 자본 1억 5000만 원)

- 현재 건물 가격: 8억 원

- 현재 기준 대출 금리는 4%이며, 보증금 및 임대료는 변함없음

- 건물 전체의 투자 수익률: 5.3% (매입 시 투자 수익률 8.9% 대비 하락)

- 은행 대출 가능 금액(대출 금리 4%): 4억 원

- 자기 자본 필요 금액: 3억 5000만 원

- 자기 자본 예상 투자 수익: 2400만 원

- 현재 가격 기준 자기 자본 대비 투자 수익률: 6.8% (매입 시 자기 자본 수익률 14.7% 대비 하락)

경제 사이클에 따라 건물 및 자산 가격은 변화한다. 건물을 매입할 당시 5억 원이었던 건물 시가가 현재 8억 원까지 상승했다. 이는 정부의 적극적인 경기 부양책으로 기준 금리가 2퍼센트가량 떨어지

며 당초 6퍼센트였던 대출 금리가 4퍼센트까지 하락해 시중에 돈이 많이 풀리게 되어 인플레이션이 발생했기 때문이다. 자산 가격의 상승으로 당초 매입 가격 기준으로는 투자 수익률에 변동이 없지만, 지금 시점에서 건물을 매입하는 사람 기준에서 볼 때는 건물 전체에 대한 투자 수익률이 8.9퍼센트에서 5.3퍼센트로 떨어졌고 자기 자본에 대한 투자 수익률은 14.7퍼센트에서 6.8퍼센트로 현저하게 떨어졌다. 이것은 향후 금리가 다시 오를 경우 자산 가격이 하락할 것이라는 의미이다. 현재 대출 금리 4퍼센트에 대출 금액 4억 원이라면 1600만 원의 이자만 부담하면 되지만 금리가 6퍼센트까지 상승한다면 2400만 원까지 이자 비용이 증가하게 된다. 이 시점에 자산을 사들인 사람은 금리가 2퍼센트가량 상승한다면 다음과 같은 현금 흐름이 만들어진다.

- 현재 기준 매입 자산 가격: 8억 원
- 대출 금리 4% → 6%
- 대출 금액: 4억 원
- 이자 비용: 1600만 원 → 2400만 원
- 보증금 5000만 원 / 연간 임대료 4000만 원
- 자기 자본: 3억 5000만 원
- 자기 자본 이익: 2400만 원 → 1600만 원
- 건물 전체의 투자 수익률: 5.3%
- 자기 자본 투자 수익률: 6.8% → 4.6%

자기 자본 투자 수익률 4.6퍼센트는 부동산의 공실 및 감가상각을 반영하면 사실상 은행 이자보다 못하다. 이런 시점에 부동산을 매입하는 것은 리스크가 너무 크다. 현재 가격을 기준으로 한 투자 수익률 계산을 통해 자산을 매도할지 보유할지 결정하는 전략이 필요하다. 회사에서도 정부의 금리 정책 및 시장 상황, 미래 전망을 고려하여 회사가 보유한 자산을 매도할지 여부를 판단한다.

회사는 끊임없이 자산을 만들어가며, 만든 자산을 지속적으로 재평가하여 시장 상황에 따라 수익률이 악화되거나 악화될 것이라 예상되는 자산을 매도하기도 한다. 가계 역시 회사와 같이 자산을 만들어나가야 하며, 자산의 평가를 통해 보유 및 매도 결정을 내려 현금 흐름을 관리하는 것이 꼭 필요하다.

자산에 투자하기 전에
리스크를 충분히 검토한다

회사는 새로운 자산을 지속적으로 만들어나간다. 그리고 자산을 만들어나가는 과정에서 잠재적 리스크를 검토하고 리스크를 줄이거나 제거할 수 있는 방안을 모색한다. 내가 일했던 신규 사업 개발팀의 주요 미션은 회사의 기존 사업군 외의 신규 자산을 구축하는 것이다. 이를 검토하기 위해서는 다음과 같은 과정을 수행해야 한다.

1. 회사의 현재 사업군을 확인하고 관련 산업들을 연계성 있게 확장하여 그린다(이것을 전문 용어로 Value Chain이라고 한다).
2. 회사의 보유 역량을 확인한다.
3. 확장할 신규 사업에 대한 시장 조사를 한다(시장 규모 산정, 경쟁사 조사, 시장 전망 및 정부 정책 등 메가 트렌드 분석).
4. 신규 사업군 중 가장 매력적인 시장을 선택한다.
5. 시장에 진입하기 위한 전략을 수립한다(기존 사업 인수, 기존 사업의 지분 참여, 직접 투자를 통한 진출, 핵심 특허 인수, 타 기업과 공동 투자를 통한 시장 진출 등).
6. 전략별 투자금 및 투자 경제성을 확인한다.
7. 신규 자산을 선택하고 투자금 확보를 위해 자금을 조달한다.
8. 잠재 리스크를 검토한다(법률 관련 리스크, 금리 정책에 따른 리스크, 자금 조달에 따른 리스크, 경쟁사 진입에 따른 리스크 등).
9. 리스크 헤징 전략을 수립한다.
10. 신규 자산을 확보한다.

회사에서 신규 자산을 확보하기 위해서는 위의 10단계 절차를 거친다. 이 모든 단계는 자산을 확보하기 전 잠재적 위험을 줄이기 위해 필요한 검토 단계다. 충분한 검토 없이 자산을 매입하면 회사 전체의 현금 흐름에 큰 영향을 끼쳐 심한 경우 회사가 부도날 수도 있다. 그렇기 때문에 충분한 검토를 바탕으로 자산을 매입하게 된다. 많은 회사가 잘못된 판단으로 신규 자산을 잘못 사들여 파산에 이르

유동성 위기로 그룹의 전반적 재무상태는 더 악화돼 갔다. 다른 선택의 여지가 없었다. 금호아시아나는 대우건설 뿐 아니라 대한통운까지 토해내야 하는 처지로 몰렸다. 이 와중에 박삼구 회장과 동생 박찬구 금호석유화학 회장간 경영책임을 둘러싼 분쟁까지 일어나 그룹이 쪼개진 것은 잘 알려진 사실이다.

우리나라 재계 사상 이 정도의 대형 기업들을 이렇게 단기간에 M&A 했다가, 2년여만에 다시 매물로 내놓는 사례는 일찍이 없었다. 이때부터 이른바 '승자의 저주'라는 단어가 흔한 용어가 됐다.

대우건설 인수 뒤 건설경기가 빠른 속도

〈이미지를 클릭하시면 크게 보실 수 있습니다〉

용위기가 터지지 않았더라면 어땠을까. 그랬다면 금호아시아나 그룹이 지금과 같은 상황까지 맞지는 않았을지도 모른다. 그러나 이미 대우건설 인수 당시부터 금호아시아나의 현금흐름은 양호한 수준이 아니었고, 부채 또한 과다했다는 것이 일반적 평가다.

는 경우를 신문에서 곧잘 확인할 수 있다.

나는 위의 10단계를 거쳐서 매입한 자산이 예기치 못한 시장 변동으로 예상 수익률에 도달하지 못하는 경우를 수없이 보았다. 하지만 회사는 이에 대비하여 항상 리스크를 헤징할 방법을 만든다. 예를 들어 회사에서는 투자 심의 위원회라는 것을 개최하는데, 신규 자산을 확보하기 위해서는 이 투자 심의 위원회를 반드시 통과해야 한다. 신규 자산의 투자 경제성이 12퍼센트 이상 확보되어야 한다는 것이 회사의 방침인데, 이는 자산 전체의 수익률, 즉 자산 수익률을 기준으로 한다. 이 자산을 만들기 위한 자본 조달의 방법에 따라 자본 수익률은 크게 올라간다. 예를 들어서 이 프로젝트를 위해 금융권에서 3퍼센트의 금리로 PF(Project Financing)를 총투자금의 70퍼센트까지 일으킨다면 자본 수익률은 훨씬 올라가게 된다. 그럼에도 불구하고 투자 심의 위원회에서는 자금 조달 방법을 배제하고 프로젝트 자체의 경제성만으로 투자 여부를 결정한다. 이런 방법을 통해 실제로 목표한 투자 수익률에 미달했을 경우에도 실제 자본 수익률을 그이상으로 확보할 수 있다. 간단하게 다음 예를 통해 확인해보자.

- 프로젝트 투자금(신규 자산 확보): 10억 원
- 내부 투자 심의 위원회 통과 기준: 프로젝트 IRR 12%
- 예상 이익: 1억 5000만 원
- 프로젝트 IRR(투자 수익률): 15%
- 예상 투자 회수 기간: 4년
- 투자 심의 위원회 통과 기준을 넘어 투자 승인

해당 프로젝트는 10억 원의 투자금이 들어가는 프로젝트로 매년 발생 이익이 1억 5000만 원 정도로 예상되어 예상 투자 수익률 15퍼센트로 투자 심의 위원회 통과 기준인 12퍼센트를 상회하여 투자 승인을 받았다. 하지만 실제 프로젝트에 투자 후 영업 이익은 1억 원에 그쳤고 수익률은 10퍼센트로 예상보다 수익률을 크게 하회했다. 표면적으로는 실패한 프로젝트 같지만 이 프로젝트가 정부의 육성 사업이어서 정부 지원금 7억 원을 3퍼센트의 저리로 융자할 수 있었고 회사의 실제 투자금은 3억 원에 그쳤다면 어떠한가? 현금 흐름은 다음과 같을 것이다.

- 프로젝트 투자금(신규 자산 확보): 10억 원

- 정부 지원금(이자율 3%) 융자: 7억 원

- 회사 투자금: 3억 원

- 영업 이익: 1억 원

- 대출 이자: 2100만 원

- 순이익: 7900만 원

- 자산 수익률: 10%

- 자기 자본 투자 수익률: 26.3%

투자 심의 위원회를 통과할 당시의 예상 수익률 15퍼센트 대비 10퍼센트로 하락했지만 회사에서는 자금 조달을 통해 레버리지를 이용하여 자기 자본 투자 수익률을 26.3퍼센트까지 끌어올렸다. 이렇게 회사는 자금 조달을 통하여 상당 부분의 투자 수익률 손실 위험을 방어할 수 있다.

또한 신규 자산을 만들 때는 다양한 위험 요소가 존재하는데 각 위험 요소를 다음과 같은 방법으로 예방한다.

1. 신규 자산 확보를 위해 공사를 진행할 경우 외주로 공사를 발주할 때 외주 업체가 공사 이행을 제대로 하지 못할 때를 대비하여 공사 이행 보증 증권이라는 보험을 통해 불이행 시 보상을 받을 수 있도록 조치한다.
2. 자산에 불이 나거나 자연재해 등으로 피해를 입을 경우를

대비하여 화재보험 등 보험 가입을 통해 위험에 대비한다.

3. 항공 회사는 항공기 사고 발생 시 인명 피해 및 비행기 파손 등 손실이 막대하므로 사고보험을 통해 위험을 예방한다.

4. 계약 시 계약서 내용에 대한 법률 검토를 통해 유사시 회사에 유리하도록 계약서에 내용을 명시해 혹시 발생할지 모르는 위험을 사전에 예방한다.

5. 신규 자산 확보를 위한 투자금을 외부에서 조달하여 재무적 위험을 예방한다(조달 방법에는 부채를 통해 자금을 조달하는 Project Financing 방법과 자기 자본 투자로 일정 지분을 조달하는 Principal Investment 방법이 있다).

6. 신규 자산을 위한 별개 법인을 만들어서 프로젝트를 시행하기도 하는데, 법인의 형태로 진행하는 것은 프로젝트 실패 시 별도로 설립한 법인 파산을 통해 기존 회사로 위험이 전이되는 것을 제한하기 위해서이다.

회사에서는 이런 과정을 통해 위험을 사전에 대비하는데 우리는 어떠한가? 우리는 자산을 매입하는 데 있어서 리스크를 검토하는가? 나는 사람들이 리스크에 대한 검토 없이 자산을 사는 것을 많이 보았다. 근로 소득으로 힘들게 모은 돈으로 너무 쉽게 자산을 사버리며 두 가지 실수를 한다. 첫 번째는 자산을 매입할 때 투자 수익률을 검토하지 않는 것이다. 그리고 두 번째는 자산에 대한 리스크를 대비할 방법을 만들지 않는다는 것이다. 나는 이 두 가지를 수행하지 않은 자산은 투기라고 생각한다.

그래서 나는 사람들이 자기가 사는 아파트는 가격이 오를 것이라는 막연한 기대로 아파트를 매입하는 것을 투기라고 규정한다. 집에 대한 투자 수익률은 마이너스이다. 시세 변동이 없다면 집은 비용만 발생시키는 자산이다. (물론 집을 사서 세를 놓는 경우에는 플러스 수익률이 발생하지만 현재 수도권이나 주요 도시 아파트는 매매 가격 기준 투자 수익률이 형편없는 수준이다.) 따라서 수익이 마이너스이기 때문에 투자 수익률 역시 마이너스이다. 집값이 상승하거나 유지되면 다행이지만 집값이 하락한다면? 집값이 하락하는 것에 대한 보험을 가입해두었는가? 집값이 하락할 때 보상해주는 보험이 존재하던가? 당신이 이런 것에 대해 준비되어 있지 않다면 당신은 리스크에 그대로 노출되어 있는 것이며, 그것은 곧 투기이다.

당신이 보유하고 있는 주식은 어떠한가? 당신은 주식을 자산으로 보유하기 위하여 어떤 과정을 거쳤는가? 단지 증권 회사의 애널리스트가 추천했다는 이유로 특정 주식을 사지 않았는가? 아니면 단지 당신의 감으로 주식이 오를 것이라고 배팅하지는 않았는가? 나는 이런 행위는 로또와 다르지 않다고 생각한다. 당신이 힘들게 모은 돈을 어떻게 아무런 보험 하나 없이 맡길 수 있는가? 주식이 떨어지는 리스크에 어떻게 대응할 수 있는가? 나는 당신이 진정한 투자자가 되기를 바란다.

실제로 투자자는 주식 시장의 하락에 대비하여 선물 및 옵션으로 하락에도 손실을 최소화하며 심지어 주가가 떨어져도 돈을 벌 수 있는 전략을 수립한다. 리스크를 헤징하는 것이다.

나는 2011년에 구미에 있는 한 건물을 매입했다. 나는 그 건물을 매입하기에 앞서 투자 경제성을 분석했다. 건물 전체에 대한 수익률은 14퍼센트 정도였으며 나의 자본 투자 대비 수익률은 30퍼센트가 넘었다. 나는 이 건물에 대한 투자 수익성을 분석할 때 임차인이 1년에 한 달 이상씩 빈다고 가정해 공실률 10퍼센트를 적용했다. 투자 경제성을 가장 좋지 않은 경우로 분석했을 때 어느 정도의 수익률을 확보할 수 있다고 판단하여 우리 가계의 자체 투자 심의 위원회를 통과할 수 있었다. 첫 번째 단계를 통과한 후 두 번째 단계인 리스크 대응책을 수립했는데, 당시 분석했던 리스크는 다음과 같다.

1. 화재나 지진, 태풍 등의 자연재해에 따른 자산 가치 손실 → 보험 가입에 따른 리스크 헤징. 보험료는 투자 경제성에 비용으로 반영
2. 금리 변동에 따른 비용 증가로 투자 수익률 저하 → 당시 대출 금리는 6퍼센트(제2금융권 기준)였으며 세계 경제가 경기

부양에 대한 의지가 강했고 향후 금리를 낮추어 통화 확장을 할 가능성이 매우 높은 상황이었음. 금리가 상승하더라도 투자 수익률이 14퍼센트였으므로 대출 금리가 10퍼센트 이하로 유지될 때까지는 최소 수익률은 확보할 수 있음

3. 공실 발생 시 투자 수익률 저하 → 주변 시세 대비하여 저렴한 임대료로 임차인을 구하면 임차인 확보가 가능하므로 예상 임대료를 기존 시세 대비 10퍼센트 저렴하게 투자 수익성 분석 및 공실률 10퍼센트 반영

4. 자산 가치 하락에 따른 리스크 → 건물 매입 가격 대비 대지 가격에 대한 비율이 70퍼센트 수준으로 8년 된 건물의 가치는 평당 60만 원 정도로 반영됨. 현재 건물을 신축할 때 최소 평당 건축비가 250만 원으로 자산 가격에 대한 가치가 하락할 가능성이 낮음

5. 수요 이동에 따른 리스크 → 구미 지역은 대기업이 많이 입주하여 안정적인 수요를 나타내고 있으며, 향후 산업 단지 추가 건설 예정으로 수요가 증가하고 있음. 통계청에서 확인한 결과 구미 지역의 인구는 해마다 증가하고 있으며 향후 수요가 급격하게 줄어들 가능성은 희박함

6. 공급 과잉에 따른 리스크 → 근처 지역의 미어 있는 땅이 조금 있으며, 해당 땅을 매입하여 신축 건물이 들어설 가능성이 있음. 하지만 땅을 매입한 후 신축 건물을 지을 때 투자비 대비 적정 임대료를 예측해보면 해당 건물에 비하여 두

배 가까이 임대료가 비쌀 것이므로 저렴한 임대료로 리스크 헤징 가능함

7. 자산 입지 조건에 따른 리스크 → 인근에 공장 지대가 없으며, 공장 지대는 강을 건너야 함. 공장의 사고 발생에 따른 리스크가 적음. 구미 내에서는 학군이 가장 좋은 동네로 향후 수요가 증가할 가능성이 있음

위와 같이 리스크에 대한 대비 방안을 마련했고 충분히 검토한 후에 자산을 매입했다. 너무 어려운 과정 같은가? 나는 투자 경제성 분석 및 리스크 검토 그리고 자산 매입까지 1개월이 걸렸다. 그리고 그렇게 매입했던 자산은 4년 동안 나에게 안정적인 현금 흐름을 가져다주었다. 공실률은 예상했던 것보다 훨씬 적었다. 구미의 인구는 계속 증가했으며, 신축되는 건물 수는 한정적이었고, 신축 건물의 임대료는 예상했던 대로 내 건물보다 훨씬 비쌌다. 2013년에는 구미에서 가스 유출 사고가 발생해 공장 근처에 사는 사람들이 강을 건너 내 건물이 있는 곳으로 많이 이사 와서 수요가 증가하게 되어 나는 공실을 줄일 수 있었고 수익률은 더 좋아졌다.

정부에서는 예상대로 기준 금리를 내리며 통화량을 확장하는 정책을 펼쳤고 나의 자산에는 조금씩 거품이 끼기 시작했다. 4년이 지나자 건물 가격이 매입 시기 가격보다 50퍼센트가 올랐고 수익률은 현재 가격 기준으로 절반 이하로 떨어졌다(물론 나의 투자비 대비 수익률은 매입 시에 비해 더 좋아졌다).

나는 자산을 매도했고 건물을 모두 현금과 바꿨다. 나의 자산 가격이 올랐던 것은 일종의 보너스였다. 나는 매년 건물에서 발생하는 충분한 현금 흐름을 통해 수익을 올렸고 내가 투자한 돈을 3년 만에 회수할 수 있었다. 다른 말로 하면, 나는 3년 뒤 회수한 돈으로 두 번째 건물을 살 수 있으며, 두 개 건물의 현금 흐름을 창출할 때 현금 흐름은 두 배가 된다는 뜻이다. 그리고 자산을 확보하는 속도가 점점 빨라진다는 뜻이다.

정부는 지속적으로 금리를 내렸고 그래서 자산에는 거품이 많이 발생했다. 거품이 많은 자산에 무리하게 투자할 이유는 없다. 나는 지금의 금리는 비정상적인 상황이며, 다시 금리가 올라 제자리를 찾아갈 것이라 생각한다. 그리고 금리가 제자리를 찾으면 자산 가격의 거품은 사라지고 지금보다 낮은 가격에 자산을 살 수 있는 기회가 찾아올 것이다. 이것이 내가 지속적으로 금융 지식을 강조하는 이유이며, 당신이 금융 지식을 반드시 쌓아야 하는 이유이다.

회사는 다양한 리스크를 검토하여 그 리스크에 대비하고 자산을 매입한다. 우리 가계도 마찬가지다. 자산을 매입할 때 충분히 리스크를 검토하고 그에 대비할 전략을 반드시 수립해야 한다. 너무 어렵게 느껴지는가? 걱정하지 마라. 당신은 16년간 다른 공부를 해왔고 이제 막 새로운 공부에 들어섰다. 한 가지 분명한 것은 자산에 대한 공부는 당신이 학습해왔던 전문 지식보다 훨씬 쉽다는 사실이다.

투자금을 외부에서 조달한다

어렸을 때 번화가에 있는 건물들을 보며 그런 건물들은 부자들만의 소유인 줄 알았다. 그리고 사람들이 "나는 돈이 없기 때문에 저 건물을 살 수 없어" "저런 건물은 부자들이나 사는 거야"라고 말하는 것을 많이 들었다. 이제 성인이 되어 어렸을 적 많은 사람이 했던 그 말이 진실이라는 것을 안다. 하지만 그 말을 조금 고쳐야 할 것 같다. 돈이 없기 때문에 저 건물을 사지 못했던 것이 아니라 금융 지식이 없어서 살 수 없었던 것이다. 그리고 부자들은 금융 지식에 대한 교육을 받기 때문에 부자가 되는 것이다.

나는 어렸을 때 나도 언젠가 저런 건물을 가지겠다고 다짐했다. 그런데 정말 우습게도 20대가 다 가기 전에 그 꿈을 이루어버렸다. 내가 돈이 아주 많아서 가능했던 것은 절대 아니다. 나는 금융 교육을 통해 외부에서 필요한 자금을 조달하는 방법을 배웠다. 건물 한 채를 갖는 것이 평생의 꿈인 사람이 생각보다 많다. 그리고 그 사람들은 열심히 돈을 벌고 모은다. 그래서 평생을 모은 돈으로 건물을 산다. 하지만 돈을 모으는 대신에 금융 지식을 쌓는다면 훨씬 빨리 그 꿈을 이룰 수 있다. 나는 내가 20대에 그 꿈을 이룬 것이 참 다행이라고 생각한다. 그 덕분에 나는 훨씬 더 가치 있는 꿈을 만들 수 있었으며, 내가 가치 있어 하는 것에 집중할 수 있었다. 기억하는가? 테슬라 창립자인 엘론 머스크는 열아홉에 페이팔을 팔아서 완전한 경제적 자유를 얻었다. 그리고 진짜 자신이 하고 싶었던 일들을 만들어나갔다. 그것이 우리가 지금 보고 있는 테슬라 전기 자동차와 스페이스엑스의 우주왕복선이다.

그에 비할 바는 아니지만 나 역시 나만의 경제적 자유를 달성할 계획을 세웠고 그 후에 내가 정말 하고 싶은 일을 만들 계획을 세웠다. 나는 그 과정 속에 있으며 당신도 이 과정을 겪기를 바란다. 금융 지식을 위한 교육에서 내가 가장 감사하게 생각하는 부분은 '돈이 없어도 돈을 만들 수 있다'라는 점이다. 이 말은 당신이 자산을 만들기 위해서 필요한 돈을 외부에서 조달할 수 있다는 뜻이다. 이것은 정말 마법 같은 일이다. 재무 상태표를 통해 이를 쉽게 이해할 수 있다.

회사는 자산을 만들기 위해 필요한 돈을 외부에서 조달한다. 이때 조달하는 방법은 크게 두 가지다. 첫째는 부채를 통해 조달하는 방법이며, 둘째는 자본을 통해 조달하는 방법이다.

당신이 멋진 해변에 호텔을 지으려 한다고 해보자. 호텔을 짓기 위해 필요한 총투자금은 100억 원이고 당신의 투자금은 5억 원이다. 당신은 호텔 사업을 위한 사업 계획서를 작성해 은행에 간다. 그

[재무 상태표]

자산	부채
	자본

리고 당신의 사업 계획을 열심히 설명하고 은행으로부터 60억 원의 돈을 빌렸다. 은행은 당신이 확실한 현금 흐름을 만들어낼 수 있다면 기꺼이 당신에게 대출해줄 것이다. 왜냐면 그것이 은행의 본업이기 때문이다(물론 신용도에 따라 금리가 차등 적용되며, 당신의 사업 계획서가 충분히 매력적이지 않다면 은행은 대출을 해주지 않을 수도 있다). 이제 호텔을 지으려면 35억 원의 돈이 추가로 필요한데, 당신은 이 사업에 투자할 투자자들을 유치하기 시작한다. 당신의 현재 자본은 5억 원이고 그것을 지분율 100퍼센트라고 봤을 때 당신은 이 회사의 지분과 투자자의 돈을 교환하기 시작한다(벤처 투자에서는 이런 투자 유치를 시리즈 A, B, C로 나누어 이야기하기도 한다). 당신은 투자자들에게 이 사업의 사업성과 매력 그리고 투자금 회수 계획을 설명한다. 그리고 투자자들을 설득하여 지분을 주고 투자금을 모은다. 그리고 마침내 필요한 자금인 100억 원을 마련해 호텔 사업을 시작할 수 있게 된다. 이때 당신의 재무 상태표는 이렇게 변한다.

출자한 자본 40억 원 중 당신의 투자금은 5억 원으로, 이는 전체

[재무 상태표]

자산	부채
(호텔 100억 원)	(은행 대출 60억 원)
	자본
	(자본 출자 40억 원)

자본 중 12.5퍼센트에 해당하는 금액이다. 하지만 이것이 이 회사의 지분율 12.5퍼센트를 의미하는 것은 절대 아니다. 왜냐하면 당신이 회사를 설립했으며 최초 당신의 지분 100퍼센트를 투자자들에게 투자 유치를 하며 지분에 따른 투자금을 협상해 팔았기 때문이다. 예를 들어 당신의 지분 10퍼센트를 10억 원에 팔았다면 총 자본금은 15억 원이지만 당신의 지분율은 90퍼센트이다. 실제로 이런 방법으로 초기 투자금 5억 원으로 100억 원의 호텔 자산을 소유할 수 있게 된다. 이는 극단적인 예지만 아주 거짓말은 아니다. 거짓말 같은가? 그렇다면 이런 예들은 어떠한가?

- 수많은 스타트업 기업이 1억 원 미만의 자본금으로 시작하여 매출액이 발생하기도 전에 수억에서 수십억까지 투자를 유치한다.
- 주식 시장에 상장된 회사 중 최대 주주의 지분율이 30퍼센트 미만인 회사들이 많다.
- SK그룹의 전체 자산은 150조 원가량 되지만 SK그룹의 회장은 2조 원 정도의 지분으로 그룹의 오너로서 그룹 전체의 통제권과 운영권을 가지고 있다(SK뿐 아니라 모든 대기업이 그렇다).
- 당신이 경매로 부동산 자산을 매입했다면 낙찰가의 최대 90퍼센트까지 대출받을 수 있다. 이 말은 10억 원의 상가 건물을 낙찰받았다면 1억 원의 자본과 9억 원의 부채로 건물을 소유할 수 있다는 것이다.

— 많은 프로젝트가 80퍼센트 이상의 돈을 부채로 조달하며 레버리지를 최대화해 수익률을 극대화시킨다.

이외에도 이런 방법은 수없이 많다. 로버트 기요사키는 《부자 아빠 가난한 아빠》에서 이를 한마디로 정의한다.

> **"돈이 없어도 돈을 벌 수 있다"**

이 비밀을 알게 된 후 나는 번화가에 있는 수많은 빌딩이 돈 많은 특정 부류의 사람들만 소유할 수 있는 것이 아니라는 사실을 알았다. 또한 우리가 알고 있는 수많은 기업이 돈 많은 소수의 사람이 만든 것만은 아니라는 사실도 알았다. 그것은 '돈'이 아니라 '금융 지식'으로 가능하며, 기요사키의 말처럼 돈이 없어도 돈을 벌 수 있다. 어떤 자산을 만들어야겠다고 생각했으면 '나는 돈이 없어'라고 할 게 아니라 '어떻게 그 자산을 만들기 위한 자금을 조달하지?'라고 질문해야 한다.

회사는 자산을 사기 위해 필요한 자금을 외부에서 조달한다. 외부에서 조달하는 이유는 리스크를 분산하고 레버리지를 활용하여 투자금에 대한 투자 수익률을 극대화할 수 있기 때문이다. 만약 회사가 만들려고 하는 자산이 정부의 정책 및 사회적 문제를 해결하는 데 기여하는 것이라면 정부는 이 사업에 많은 혜택을 준다. 낮은 금리로 자금을 조달할 수 있도록 융자를 하거나 인건비를 지원해주거나 지원금을 주기도 한다. 이것만 기억하라. 당신이 열심히 돈을 벌어 그 돈을 은행에 가지고 가 예금하면 은행은 그 돈을 모아 사업가에게 자금을 조달해준다. 그리고 사업가는 대출 이자를 내고 조달한 돈을 바탕으로 더 많은 이익을 창출한다.

반면 우리는 어떻게 자산을 만드는가? 빚은 나쁜 것이라고 배운다. 나 역시 어린 시절부터 빚은 나쁘다고 생각했다. 틀린 말은 아니다. 나쁜 자산을 만들기 위한 빚은 분명히 나쁘다. 주위 사람들 대부분이 나쁜 자산을 만들기 위하여 나쁜 빚을 만들었고 그래서 더 힘들어졌다. 자연스럽게 우리는 빚은 나쁘다고 생각한다. 그런데 빚이 나쁜 것이 아니라 우리가 만드는 것이 나쁜 자산인 것이 문제다. 부자들은 좋은 자산을 만들고 그 자산을 만들기 위해 빚을 진다. 그 빚은 자산에서 나오는 현금 흐름이 갚게 만든다. 우리는 나쁜 자산을 만들기 위해 나쁜 빚을 지고 그 나쁜 빚을 근로 소득을 통해서 갚는다. 나는 이것을 현금 흐름의 차이를 통해 설명했다.

좋은 자산을 만들기 위해 필요한 자금을 외부에서 조달하라. 이것은 절대 어렵지 않다. 그 자산이 부동산이라면 당신은 경매를 활용할 수도 있다. 말했듯이 경매로 부동산을 취득하면 낙찰가액의 90퍼센트까지 대출이 가능하다. 부동산의 보증금까지 생각하면 어쩌면 투자금 없이 부동산을 취득할 수도 있다. 투자금이 없다면 무한대의 수익률을 거둘 수도 있다. 예를 들면 이런 경우이다.

　— 오피스텔 거래 가격: 2억 원

- 유찰 3회 후 낙찰 가격: 1억 2000만 원
- 경락 대출: 1억 원(대출 이율 4%)
- 세입자 입주: 보증금 2000만 원, 월세 40만 원
- 투자금: 0원
- 투자 수익: 월세 수익 600만 원/년 − 대출 이자 400만 원/년
  = 투자 수익 200만 원/년
- 투자 수익률: 무한대

이런 부동산 자산 투자가 가능할 것 같은가? 물론이다. 진짜 부동산 투자자 중에는 이런 투자를 하는 사람이 많다. 이런 경우는 어떠한가? 다음은 벤처 기업에서 외부 자금 조달을 통해 현금 흐름을 창출한 예다.

- 회사 설립 시 자본금: 5000만 원
- 투자 유치: 4억 5000만 원
- 투자 유치 후 보유 지분: 40%
- 투자 유치 후 자본금: 5억 원
- 자산 확보 후 순이익(영업 이익 − 이자 비용): 1억 원
- 초기 자본 투자 대비 자본 수익률: 200%

회사가 외부 자본 조달을 통해서 성장하는 모습은 주변에서 흔히 볼 수 있다. 당신이 다니고 있는 회사 역시 처음 설립할 당시 자본금

은 크지 않았지만 지금은 상당한 규모의 회사로 성장했을 것이다. 네이버의 초기 자본금은 164억 원이었지만 현재 자본 총계는 1조 8000억 원이다. 자본금이 110배 증가했다. 이렇게 자본금이 증가한 것에는 매년 이익이 쌓인 것도 있지만 주식 시장 상장을 통해 필요한 자본을 불특정 다수에게 주식을 발행하여 조달할 수 있기 때문이다.

반면 우리는 주로 주식을 산다. 주식을 사는 회사가 어떤 회사이며 재무 상태가 어떤지도 모르는 채 주식을 사서 막연히 오를 것이라고 기대한다. 주식 시장의 진짜 비밀은 주식 시장은 회사가 필요한 자금을 조달하는 곳이라는 것이다. 그곳은 주식을 파는 주체, 즉 주식을 발행하는 주체가 돈을 버는 시장이다. 위에서 벤처 기업이 돈을 버는 원리와 같다. 한 회사가 주식 시장에 상장했는데 그 회사의 상장 전 자본금이 5억 원이었고 1주당 가격은 5000원이었다고 하자. 주식 시장에 상장할 때는 자금 조달을 위한 공모 가격을 정하는데 1주당 5000원이었던 주식 가격보다 훨씬 비싼 가격에 주식을 팔게 된다. 이렇게 주식 추가 발행을 통해 외부 자금을 조달할 수 있고 이를 통해 기존 주주들은 자본 가치가 올라가게 된다. 그래서 IPO Initial Public Offering(주식 공개 상장)를 통해 주식 시장에서 주식을 발행하여 팔 수 있는 사업자는 주식 시장을 통해 많은 돈을 조달할 수 있다. 그리고 그렇게 조달한 돈으로 자산을 사고 많은 현금 흐름을 창출하여 주주들에게 투자금의 가치를 올려주거나 배당을 통해 투자 회수를 가능하게 해야 더 많은 자금 조달이 가능해진다.

위에서 살펴본 몇 가지 예와 같이 회사는 외부에서 자산을 만들기 위해 필요한 자금을 조달한다. 당신의 가계도 자산을 만들어 현금 흐름을 창출해야 한다. 따라서 자산을 만들기 위해 필요한 돈을 외부에서 조달하는 방법을 배워야 한다. 자금 조달 방법을 알게 되면 더 이상 '돈이 없어서 할 수 없다'라는 이야기는 하지 않게 될 것이다.

사회적 문제를 해결하기 위한 미션을 갖는다

당신은 어떤 사람이 사업가가 된다고 생각하는가? 부자가 되고 싶은 사람? 열정이 넘치는 사람? 경제적 자유를 원하는 사람? 사람들은 다양한 이유로 사업을 시작한다. 하지만 진짜 성공하는 사업가들에게는 공통적인 목적이 있다. 바로 '사회적 문제를 발견하고 그것을 해결하는 것'이다. 다소 의아해할 사람도 있을 것이다. 사업가가 사회적 문제를 해결한다고? 모든 사업가가 사회적 문제를 해결하는 것은 아니다. 하지만 나는 사업가로서 성공하기 위해서는 이것이 꼭 필요하다고 생각한다.

> **❝왜냐하면 사업이라는 것은 어떤 결핍을 해결하기 위하여 시작되기 때문이다❞**

사업가들은 '세상을 바꿀 수 있다'라고 생각한다. '내가 세상을 더 나은 곳으로 만드는 것에 기여할 수 있다'라고 생각한다. 일단 어떤 문제점을 발견하면 그 문제점을 해결하기 위해 팀을 만든다. 팀에는 각 분야의 전문가가 모인다. 제품, 법률, 시스템, 의사소통, 현금 흐름 등 각 분야의 전문가가 모인 팀에서 그 문제점을 해결하기 위한 다양한 해법을 찾는다. 그리고 그 해법을 제품이나 서비스로 만든다. 그리고 그것을 테스트한다. 테스트를 통해 그 제품이나 서비스를 바탕으로 문제점이 해결되었는지 확인한다. 만약 확인되지 않으면 제품이나 서비스를 수정한다. 완벽하게 문제를 해결했다고 판단했을 때는 그 문제를 가지고 있는 더 많은 사람이 이 서비스나 제품을 이용할 수 있도록 고민한다. 그리고 여러 파트너들과 힘을 합쳐 더 많은 사람이 이것을 이용하게 한다. 이것이 성공하는 사업가들이 밟아가는 과정이다. 다시 한 번 순서대로 표현하면 다음과 같다.

1. 문제점을 발견한다.
2. 문제점을 해결하기 위한 팀을 구성한다.
3. 팀과 힘을 합쳐 문제를 해결하기 위한 좋은 방법을 찾는다.
4. 그 방법을 바탕으로 제품이나 서비스를 만든다.
5. 제품이나 서비스를 테스트하여 문제가 해결되는지 확인한다.
6. 문제가 해결될 수 있도록 제품이나 서비스를 수정한다.
7. 더 많은 사람이 이 제품이나 서비스를 이용할 수 있도록 고민한다.
8. 파트너들과 힘을 합쳐 제품이나 서비스를 더 많은 사람에게 제공한다.

만약 사업가가 수백 명의 문제를 해결할 수 있다면 수억을 벌 수 있다. 수백 명이 아닌 수만 명의 문제를 해결해줄 수 있다면 수백억을 벌 수 있다. 수만 명이 아닌 수백만 명 혹은 수천만 명의 문제를 해결한다면 수천억 이상을 벌 수 있다.

이 이야기는 '영향력의 법칙'이라는 말로 표현되기도 한다. 텔레비전에 나오는 유명한 MC가 작은 행사의 MC보다 훨씬 많은 돈을 버는 이유는 텔레비전에 나와 더 많은 사람을 즐겁게 하기 때문이다. 다르게 말하면 더 많은 사람에게 영향력을 미칠수록 더 많은 돈을 번다는 이야기다. 사업에서도 마찬가지다. 더 많은 사람의 문제 해결에 영향을 미칠수록 더 많은 돈을 번다. 다음은 사회의 많은 문제를 해결하여 부자가 된 사업가들에 대한 이야기다.

1. 세르게이 브린과 래리 페이지는 모든 사람에게 정보가 동일하게 제공되지 않는다고 느껴서 이 문제를 해결하기 위해 구글을 만들었다.

2. 빌 게이츠는 부자이든 가난한 사람이든 균등한 기회가 주어져야 한다고 생각하여 마이크로소프트를 설립하여 모든 사람이 컴퓨터를 사용할 수 있게 했다. 빌 게이츠의 등장 전까지 컴퓨터는 소수의 사람들만 사용할 수 있는 비싼 제품이었다.

3. 포드는 모든 사람의 이동을 편리하게 하기 위해 포드 자동차를 설립하여 자동차 시대를 열었다. 초창기 포드 자동차

가 너무 비싸 사람들이 어려움을 겪자 포드는 포드 자동차
에서 일하는 모든 직원의 월급을 자동차를 살 수 있을 정도
의 수준까지 올려버렸다.

4. 소니의 사명감은 '세상 사람들을 더 즐겁게 하는 것'으로, 소
니는 게임기, 영화 사업 등을 통해 사람들을 더 즐겁게 만드
는 제품을 더 많은 사람이 즐기게 하며 성장해나갔다.

5. BMW는 사람들이 자동차 운전을 재미있어 하지 않는다는
것을 깨닫고는 'Driving Fun'이라는 미션을 수립하여 재미
있게 운전할 수 있는 자동차를 만들기 시작했다.

위에 언급된 예 외에도 수많은 기업이 사회적 문제를 해결하는
제품 및 서비스를 만들고 더 많은 사람이 그것을 사용하게 해 부자
가 된다. 이렇게 문제를 해결하기 위한 목적을 미션(임무)이라고 이
야기하는데, 대부분의 회사는 미션을 가지고 사회적 문제를 해결한
다. 물론 모든 회사가 그런 것은 아니지만 성공하는 대부분의 회사
는 미션이 뚜렷하다. 미션을 바탕으로 모든 구성원을 하나의 구심
점으로 엮어준다. 기업은 제품이나 서비스를 만들고 그것을 돈과
교환한다. 우리가 애플의 아이폰을 살 때 100만 원이라는 큰돈을 주
고 사지만 100만 원 이상의 효용 가치를 아이폰을 통해 느낀다면 우
리는 만족한다. 다시 말해 우리는 돈을 주고 가치를 사는 것이다. 기
업 입장에서는 제품과 서비스를 고객으로부터 받을 돈보다 더 가치
있게 만들면 된다. 우리는 가치를 사기 위해 기꺼이 돈을 지불하며,

더 많은 사람이 그 가치를 알아갈 때 기업은 더 많은 돈을 번다.

가수의 콘서트에 갔는데 콘서트장의 분위기, 음향, 가수의 노래, 목소리 상태, 이 모든 것이 당신이 지불한 돈보다 가치 있게 느낀다면 당신은 만족할 것이고 부족하게 느낀다면 불만족할 것이다. 만족하는 사람이 훨씬 많아 사람들이 많이 찾아온다면 그 가수는 점점 부자가 될 것이며, 반대라면 많은 돈을 벌 수 없을 것이다.

이런 예는 당신과 당신 가정에도 똑같이 적용된다. 당신은 어떤 문제를 해결하고 있으며, 얼마나 많은 사람에게 그 문제를 해결해 주고 있는가? 다시 말해 당신의 영향력은 어느 정도인가? 나는 이에 따라 당신이 벌 수 있는 돈의 자릿수가 달라진다고 확신한다. 나는 당신과 당신의 가계가 이 문제를 함께 고민해야 한다고 생각한다. 어떠한 문제를 해결하기 원하는가? 그 문제를 가지고 있는 사람이 얼마나 있는가? 그 사람들의 문제를 어떻게 해결해줄 것인가? 그리고 어떻게 더 많은 사람의 문제를 해결할 것인가? 나는 당신과 당신의 가계가 평생 만들어가야 하는 자산은 바로 이것이라고 생각한다.

마지막 장에서는 당신과 당신 가계가 만들어가야 할 궁극적인 자산에 대해 이야기할 것이다. 회사는 사회적 문제를 해결하기 위한 미션을 가지고 있으며, 이 미션을 달성하는 과정에서 더 많은 사람에게 가치를 전달하며 돈을 번다. 나는 당신이 그리고 당신의 가계가 이렇게 할 수 있다고 믿는다.

7장
당신의 가치를 담은 자산을 만들라

당신의 어렸을 적 꿈은 무엇이었나?
그 꿈을 이루기 위하여 지금 무엇을 하고 있는가?
그 길을 혼자 가는가, 아니면 함께 가는가?
더 많은 사람들에게 당신의 가치를 전달하라.
그것이 돈이 아닌 가치를 좇는 삶이다.

어떤 삶을 살고 싶은가?

당신은 지금 당신이 꿈꾸던 삶을 살고 있는가? 아니면 돈을 좇아 살고 있는가? 나는 이 책을 통해서 금융 교육의 중요성을 여러 차례 강조했고 금융 교육을 통해서 당신이 꿈꾸던 삶을 살 수 있다고 확신한다. 그럴 수 있는 가장 큰 이유는 당신이 경제적 자유를 이룰 수 있기 때문이다. 당신이 쓰는 돈보다 더 많은 돈이 자산으로부터 들어오는 단계인 경제적 자유를 통해 진짜 하고 싶은 일을 할 수 있기 때문에 금융 교육은 중요하다.

나는 어린 시절 성당을 다녔다. 내가 알던 세계는 집과 학교 그리고 성당이 전부였다. 그래서 내가 볼 수 있는 직업도 학교 선생님, 직장인, 신부님, 수녀님이 다였다. 사람들이 나에게 꿈을 물었을 때 나는 대답할 수가 없었다. 내가 무엇을 잘하는지도 몰랐으며, 무엇보다 내가 볼 수 있는 세계에서의 직업과 꿈은 너무도 한정적이었다. 내가 알고 있는 모든 직업 중에서 나는 신부님이 되기로 결심했다. 초등학교 시절 스스로 생각했을 때 나는 나쁜 짓을 너무 많이 한 것 같았다. 부모님 지갑에서 돈을 몰래 빼간 적도 있었고 동생을 괴롭힌 적도 있었다. 그래서 나는 천국을 갈 수 있는 가장 확실한 방법은 많은 사람을 돕는 것이라 생각했고 그때 내 기준으로는 신부님이 가장 많은 사람을 도왔으며 신부님이 되는 것이 천국에 갈 수 있는 가장 확실한 방법 같았다.

부모님께 그 꿈을 이야기했을 때 부모님은 장손인 내가 신부가 되어 대가 끊기는 것을 걱정하셨던 것 같다. 존경하는 부모님은 나를 다그치시기보다는 왜 신부님이 되고 싶은지 물어봐주셨고 나는 천국에 가려면 많은 사람을 도와야 하는데 신부님이 되면 많은 사람을 도울 수 있다고 이야기했다. 나의 이야기를 들으신 부모님은 안심하시며 나의 세계를 넓혀주셨다. "네가 많은 사람을 돕고 싶다면 방법은 많단다. 신부님보다 훨씬 더 영향력 있는 사람이 되어 세계에 있는 더 많은 사람을 도울 수 있어. 유엔 총장이 될 수도 있고 빌 게이츠같이 훌륭한 사업가가 될 수도 있어. 그 사람들은 신부님보다 훨씬 더 많은 사람을 도우며 살고 있단다."

부모님의 말씀이 아니었다면 나는 지금쯤 신부가 되기 위한 과정 중에 있었을지도 모르겠다. 초등학교 때 내 세계관은 넓어졌고 나는 꿈을 한정짓지 않았다. 나는 다른 사람을 돕는 것이 행복했다. 다른 사람을 도울 때 내가 천국에 조금 더 가까워지는 느낌이 들었다. 나는 이것이 나의 가치관이라는 것을 성인이 되어서야 알았다.

> **"나의 가치관은 '다른 사람을 도와 내가 더 행복해지는 것'이다"**

이 가치관을 실현하기 위해서는 많은 방법이 있다. 성직자가 될 수도 있고 봉사 활동 단체에 들어가서 일을 할 수도 있다. 빌 게이츠 같은 사업가가 되어 세상을 더 나은 곳으로 만들어 사람들을 도울 수도 있다. 나는 다시 고민했다. 그러면 나는 어떤 사람들을 도울 것인가? 사실 이 고민은 어린 시절 잠깐의 고민이 아니었다. 내가 성장하며 수년간 해왔던 오랜 고민이었다. 나는 다행히 나만의 답을 빨리 찾았다. 정말 많은 사람이 경제적인 이유 때문에 힘들어하고 있다. 꼭 돈이 없고 열악한 환경에 처한 사람들뿐 아니라 우리 주변에서 흔하게 볼 수 있는 대부분의 사람들이 경제적 문제나 곤란을 겪고 있다. 나는 스무 살이 되어 이 문제에 대해 더 깊이 생각했다. 나는 20대에 비로소 나의 꿈을 정했다.

나는 이 꿈을 정하는 데 20년이 걸렸다. 하지만 이 기간은 나에게 너무 소중한 시간이었고 끊임없이 내가 원하는 것은 무엇인지, 내가 이 세상에 태어나 존재하는 이유는 무엇인지 고민한 시간이었다.

내가 이 글을 쓰고 있는 동안 가계 부채가 1100조 원을 넘어섰다. 이 말은 거의 모든 사람이 경제적 문제를 겪기 시작한다는 것이다. 그리고 여전히 내가 해야 할 일이 너무 많다는 이야기다. 꿈을 정한 뒤 나는 꿈을 이루기 위해 내가 해야 할 일을 생각했다. 사람들에게 금융 교육을 하기 위해서는 내가 먼저 금융에 대해 알아야 한다. 그리고 경제적 자유를 달성하기 위해서는 내가 먼저 경제적 자유를 이루고 그것을 체계화시켜 많은 사람에게 그 방법을 쉽게 전달해야만 한다. 대학 시절 나는 학교에서 이런 것들을 배울 수 없다는 것을 알았다. 그리고 경제적 자유를 위해서는 많은 사람에게 영향력을 미칠 수 있는 사람이 되어야 하는데, 나는 외모가 뛰어난 것도 아니었고 그렇다고 노래를 잘하거나 춤을 잘 추는 재능이 있었던 것도 아니었다. 혹은 아주 공부를 잘해서 한 분야의 전문가가 될 수 있는 것도 아니었다. 다만 나는 친화력이 좋았고 사람들에게 비전을 제시하고 하나로 모으는 능력이 있었다. 그래서 나는 더 많은 사람을 돕기 위한 방법으로 사업가가 되기로 결심했다.

20대 초반 내가 사업가가 되기로 결심했을 때 가장 큰 역할을 한 것은 부모님도 교수님도 친구도 아닌 《부자 아빠 가난한 아빠》라는 책 한 권이었다. 나는 지금도 여전히 이 책의 저자인 로버트 기요사키에게 진심으로 감사하며, 나의 꿈을 구체화시켜 주고 나의 인생의 방향성을 확실히 잡아줘서 고맙다는 말을 전하고 싶다. 그 책을 읽고서 나와 비슷한 생각을 하며 나보다 먼저 이 길을 걸어갔던 기요사키를 나의 인생의 멘토이자 '부자 아빠'로 정했다. 기요사키는 《부자 아빠 가난한 아빠》 시리즈를 통해 사업가에 대해 아래와 같은 그림으로 설명했다.

사업가는 제품을 만들고 그 제품을 법률적으로 보호하며, 제품을 만들어서 파는 과정을 시스템화 한다. 그리고 고객과의 의사소통을 통해 제품을 판매하고 투자자와의 의사소통을 통해 필요한 자금을 조달한다. 이렇게 만든 사업을 바탕으로 현금 흐름을 창출하고 현

로버트 기요사키가 정의한 B-I 삼각형

금 흐름을 통해 자산을 구축해나간다.

한 가지 다행인 점은 사업을 하기 위해 이 모든 요소를 알아야 하는 것은 아니며, 이 모든 요소를 갖춘 팀을 만들면 된다는 것이다. 특히 리더는 리더십과 사명감을 바탕으로 훌륭한 팀을 만드는 일을 맡게 된다. 훌륭한 팀을 만들기 위해서는 자신이 하나의 분야에서는 훌륭해야 한다. 그래야 다른 분야에서 뛰어난 많은 사람을 하나의 팀으로 만들 수 있다. 그리고 다른 분야에 대해서도 의사소통이 가능한 수준의 약간의 지식은 필요하다. 기요사키는 이 삼각형의 몇 가지 부분을 채우고 팀을 만들기 위해 수년간 훈련했고 마침내 성공한 사업가가 되어 경제적 자유를 이룰 수 있게 되었다. 기요사키가 밟아온 교육에 대한 이야기는 《부자 아빠 가난한 아빠》에 자세히 소개되어 있으며, 여기서는 간단하게만 소개하겠다.

1. 군대에 자원 입대하여 직업 군인으로 베트남 전쟁에 참여: 리더십, 팀, 사명감에 대한 훈련 과정
2. 제록스에서 영업 사원으로 수년간 경험을 쌓으며 판매왕까지 등극: 의사소통 과정
3. 나일론 지갑 사업을 통해 성공과 실패를 맛봄: 팀 빌딩을 통한 사업 시행, 현금 흐름 전문가가 없어 사업 실패
4. 부동산 사업을 통해 자산 확보: 현금 흐름에 대한 공부 과정
5. 탄탄한 팀 빌딩을 통해 캐시 플로우Cash Flow 게임,《부자 아빠 가난한 아빠》출판 사업 성공

기요사키는 수년간 학교 공부 대신에 위의 과정을 거치며 자신의 성공 방정식을 만들어나갔고 그것을 책으로 만들어 세계적인 베스트셀러가 되었다. 기요사키는 리치대드 컴퍼니Rich Dad Company를 설립하여 《부자 아빠 가난한 아빠》를 발간했으며, 그의 팀은 캐시 플로우 보드게임을 만들어 법률적으로 제품을 보호했으며 책과 보드게임을 판매하기 위한 시스템을 구축했다. 판매는 네트워크 파트너인 세계적인 출판 및 유통사가 담당했으며 기요사키는 직접 〈오프라 윈프리 쇼〉에 출연하여 의사소통의 역할을 했다. 그의 이야기가 〈오프라 윈프리 쇼〉를 통해 전 세계에 방송을 타자 그의 책과 보드게임은 전 세계로 팔려나갔다. 혹자는 이 모든 것이 운이 좋아서라고 이야기할지도 모르지만 그의 팀은 완벽한 팀워크를 보였고 기요사키는 사명감과 리더십으로 팀원들을 완벽하게 하나로 만들었다. 그는 사업가가 되기 위한 충분한 과정을 거쳤으며, 많은 실패를 통해 성공한 사업가가 될 수 있었다. 실패는 상당히 중요한 교육 과정이다. 실패를 하지 않고 성공하면 가장 좋지만 사실 그것은 거짓말이다. 왜냐하면 당신은 그것을 해보지 않았기 때문에 실패할 수밖에 없다.

"그 실패를 통해서 배우고 시행착오를 거쳐
성공하게 된다. 하지만 우리는 실패에 너무 관대하지 못하다.
처음부터 잘해야 한다고 생각하며 완벽을 추구한다.
그래서 실패를 거의 하지 않는 방법을 선택한다.
아무것도 하지 않거나 남들이 하는 대로 따라 하는 것이다"

당신이 회사에서 어떤 프로젝트를 담당했을 때 그 프로젝트가 실패했을 때 회사에서 당신에게 상을 주는가, 아니면 징계를 하는가? 프로젝트가 실패했을 때 회사가 하는 첫 일은 그 프로젝트의 책임자를 찾고 책임자에게 가장 적합한 징계를 주는 것이다. 그래서 직원들은 징계받지 않기 위해 새로운 것에 도전하지 않는다. 이것은 회사뿐만 아니라 학교도 마찬가지다. 학교에서는 학교에서 가르치는 것 외의 다른 것을 하는 것을 좋아하지 않는다. 규칙과 규율로 학생들을 통솔하지만 학생들의 다양성은 인정하지 않는다. 학생들의 다양성을 인정하지 않는 가장 큰 예가 시험이라는 제도를 통해 학생들을 평가하는 것이다. 학교는 정해진 것만 배우게 하고 정해진 것을 시험에 의해 평가한다. 학생들은 이 과정을 통해 많은 것에 도전하기보다는 규칙과 규율에 순응하게 된다. 규칙과 규율을 지키지 않거나 시험에서 좋은 성적을 내지 않으면 그것은 '실패'로 분류되고 학교에서 처벌을 받게 된다. 학생들은 처벌받지 않기 위해 노력하고 이는 학생들을 모두 비슷한 사람으로 만들어버린다. 이것은 큰 문제다. 모든 학생이 비슷한 사고를 가지고 비슷한 길을 걸어가도록 만든다는 것은 지금의 현실과 너무 동떨어져 있다.

동창회에 나가보면 학창 시절 가장 공부를 못 하던 친구가 가장 성공한 경우가 꽤 많다. 이는 그들이 비슷한 길을 걸어가지 않았기 때문이다. 남들이 가지 않는 길을 가려다 보니 도전도 많이 하고 실패도 많이 했으며, 그 과정을 통해 큰 성공을 이루었기 때문이다. 부모들은 자식의 '안정적인 삶'을 바란다. 안정적인 삶을 위해서 자식이 다양한 도전을 하는 것을 차단해버린다. 그리고 그들이 알고 있는 유일한 성공 방법인 공부를 강요한다. 그것은 가장 안정적인 삶을 누릴 수 있는 길이지만 가장 위험한 길이기도 하다. 이 방법이 위험한 길인 이유는 다음과 같다.

1. 경쟁이 너무 치열하다. 좋은 대학교에 진학하기 위해서는 상위권을 계속 유지해야 하며, 좋은 대학교에 가서도 좋은 회사에 들어가기 위해서 혹은 전문직이 되기 위해서는 끊임없는 경쟁이 요구된다.
2. 세상은 노동력이 점점 더 필요 없는 구조로 바뀌고 있으므로 양질의 일자리는 점차 사라질 것이다.
3. 평균 수명은 길어지고 은퇴는 너무 이르기 때문에 은퇴 후에 '안정적인 삶'을 유지하는 것은 사실상 불가능하다.
4. 공부에 뛰어난 재능을 가진 사람은 소수다. 이 사람들 외에는 자신의 재능이 무엇인지도 모른 채 삶을 허비하며 공부에 재능 있는 사람들과 승산 없는 경쟁을 하고 있는 것이다.

어렸을 때부터 내 주변에는 '안정'된 삶을 강조하는 대다수의 사람과 '도전'을 선택하는 소수의 사람이 있었다.

"'안정'을 택한 사람들은 시간이 지난 뒤 가장 불안정해졌다"

몸담고 있는 회사는 수시로 구조조정을 하고, 진급에서도 누락되어 은퇴에 대한 고민이 많다. 은퇴하면 앞으로 수십 년 동안 무얼 하며 살아야 할지 걱정이 많다. 그래서 생각하는 것이 커피숍이나 치킨집 등의 자영업이지만 실패를 용납하지 않는 세계에서 살아온 그들은 생애 가장 큰 실패와 함께 가장 큰 위험에 빠지게 된다. 어쩌면 직장인으로서의 삶만 살아오던 사람들이 새로운 자영업의 세계에서 처음부터 성공하기란 애초부터 불가능한 일인지도 모른다. 수없이 많은 시행착오와 실패를 통해 배워나가야 하지만, 그들에게 실패는 두려움의 대상이기 때문에 어쩌면 시작하지도 않거나 용기를 내서 시작해도 겪게 되는 실패를 받아들이지 못한다.

나 역시 많은 실패를 했다. 너무 많이 실패하여 몇 번의 실패를 했는지 셀 수도 없다. 하지만 나는 나의 실패가 자랑스럽다. 그것은 내가 실패의 횟수만큼 도전을 했다는 뜻이며, 그 실패를 두려워하지 않았다는 이야기이기 때문이다. 나는 여전히 내가 부족하다는 것을 알고 있으며, 지금까지 했던 실패보다 훨씬 더 많은 실패를 할 것임을 잘 알고 있다. 하지만 나는 실패의 횟수만큼 하나씩 배워가고 있으며 내가 성공을 위한 길을 향해 걸어가고 있음을 잘 알고 있다. 나는 학창 시절 언어 영역에서나 글쓰기에서나 형편없는 성적을 받았다. 그럼에도 불구하고 나는 책을 썼으며 당신은 내 책을 읽고 있다. 나는 내가 글을 잘 쓴다고 생각하지 않는다. 다만 글 쓰는 것에 도전할 뿐이다. 그리고 여러 번의 시행착오를 통해 언젠가는 나의 책이 베스트셀러에 오를지도 모른다. 나는 당신이 실패를 두려워하지 않았으면 좋겠다. 당신이 성공하기를 원한다면 더 많은 실패를 해야만 한다. 그러기 위해서는 더 많은 도전을 해야 한다.

나는 내게 어떤 재능이 있는지 몰랐으며, 어떤 일을 좋아하는지도 몰랐다. 그래서 나는 첫 번째 수업을 나의 꿈과 인생의 목표 찾기로 시작했다.

1. 첫 번째 교육 과정: 나는 무엇을 위해 살며 무엇을 잘하는가?

중·고등학교 시절 나 역시 이런 질문을 던질 수가 없었다. 학교를 다니는 동안에는 내가 볼 수 있는 세상이 한없이 작았다. 그리고 주변 사람들은 모두 "공부 열심히 해서 좋은 대학 가라. 그래야 돈 많이 벌고 안정적인 삶을 살 수 있다"라는 이야기만 반복했다. 그 누구도 왜 돈을 많이 벌어야 하고 안정적인 삶을 살아야 하는지에 대한 답을 주는 사람은 없었다.

나는 돈을 많이 버는 삶보다는 무엇을 위해 사는지가 더 궁금했고 이것을 많은 사람에게 물어보았으나 인생에 대한 목적의식이 없는 사람이 대부분이었다. 그저 열심히 공부하고 좋은 대학교에 들어가고 좋은 회사에 취직해 돈 많이 벌면 성공한 인생이라고 생각하는 것 같았다. 나의 학창 시절 친구들은 모두 인생의 목적을 모른 채 학교에서 같은 과목을 배우고 시험을 치고 성적순으로 나열되었다. 나역시 왜 이 공부를 하는지 모른 채 그렇게 학창 시절을 보냈다. 나는 부산에서 학창 시절을 보냈는데 더 넓은 세상을 보고 경험해야겠다는 목표를 잡았고 부산을 벗어나 더 큰 도시로 가기 위해 공부했다. 나는 더 넓은 세상을 보기 위한 목적이 있어 수도권 대학교로 진학하기 위해 열심히 공부했다. 공부에 뛰어난 재능이 없어서 뛰어난 성적은 아니었지만 마침내 수도권 대학교에 진학할 수 있었다.

스무 살이 되어 나는 최대한 많은 경험을 하며 나의 재능을 알아보기로 했다. 커피숍, 영화관, 통역, IT, 광고, 제조업, 호텔 등 다양한 업종에서 스무 가지가 넘는 일을 했다. 짧은 시간 동안 스무 가지 이상의 일을 했기 때문에 동시에 두 가지 이상의 일을 한 적도 있었고 학업을 소홀히 하기도 했다. 하지만 나는 이 기간 동안 뚜렷한 목표가 있었다.

첫째, 다양한 일을 통해서 나의 재능을 발견하고 내가 평생에 걸쳐 하고 싶은 일을 찾는 것. 둘째, 생활비와 학비를 충당하는 것. 일을 하면서 나는 내가 어떤 일을 좋아하고 어떤 것을 잘하는지 정확하게 알 수 있었다.

우선 나는 사람들과 팀을 만들어 일하는 것을 좋아한다. 혼자 하는 일은 너무 외로웠고 그 일이 잘되어도 그렇게 기쁘지가 않았다. 그리고 나는 팀을 이끌어가는 것을 좋아했다. 팀에서 체계를 만들고 역할을 분담하며, 시스템과 매뉴얼을 만드는 일을 좋아했다. 혼자서 무언가를 해봐서는 절대 자신의 재능을 알 수 없다. 사람들 사이에서 자연스럽게 자신이 어떤 역할을 맡아가는지 그리고 어떻게 관계를 만들어가는지를 통해 자신의 재능을 발견할 수 있다. 나는 그 과정을 통해 나의 재능을 발견했다.

그 시절 내가 가장 많이 했던 생각이다. 팀을 만들어서 일하다 보면 사람들의 재능이 각각 다르다는 것을 알 수 있다. 그중에서는 우수한 성적으로 졸업한 사람도 있다. 하지만 그렇지 않은 사람도 있으며, 그렇지 않은 사람이 훨씬 더 뛰어난 성과를 발휘하는 분야도 많다. 그때 나는 처음으로 '각자의 재능을 개발할 수 있는 교육이 있었으면 좋겠다'라는 생각을 하게 되었다. 그리고 자신만의 재능이 있음에도 불구하고 자신의 재능이 무엇인지 모르는 경우가 많으며, 자신의 재능을 발견해도 '경제적 이유' 때문에 자신의 재능과 꿈을 포기하는 경우를 많이 보게 되었다. 나는 사람들이 생활할 충분한 돈만 있다면 자신이 정말 하고 싶은 일을 하기를 원한다는 이야기를 많이 들었다. 개인마다 하고 싶은 일에는 차이가 있지만 대부분 그 하고 싶은 일은 자신이 즐길 수 있고 재능이 있는 일이었으며 그것은 그 사람의 가치를 담은 일이기도 했다.

앞서 이야기했지만 사람들이 가치가 아닌 돈을 좇게 되는 이유는 경제적으로 풍족하지 못하기 때문이다. 이상한 것은 학교에서 뛰어난 성적을 거둬 안정적이고 많은 돈을 받는 직장을 다니는 사람들도 대다수가 경제적으로 풍족하지 못하다는 점이었다. 내가 혼란에 빠져 있을 때쯤 읽었던 책이 《부자 아빠 가난한 아빠》였다. 그 책에서는 사람들이 경제적으로 가난한 상태에 빠지는 이유를 '금융 지식의 부족'이라고 정의했다. 나는 크게 공감했다. 내가 일을 하며 만난 많은 사람 그리고 주변의 여러 사람을 봐도 돈을 많이 벌거나 적게 버는 것과 상관없이 대부분 경제적 가난에 빠져 있었다. 연봉이 높은 사람은 높은 연봉에 맞는 소비를 하기 때문에 경제적으로 가난했고 그것이 당연하다고 생각했다. 사람들의 관심은 소비에 집중되어 있었고, 저축을 한다고 해도 물가 상승이나 지속적으로 찍어내는 돈 때문에 돈의 가치가 점점 줄어들었다.

나는 사람들의 경제적 문제를 해결해주고 싶었다. 이 문제만 해결된다면 사람들은 돈이 아닌 자신의 가치를 추구하며 살 수 있다고 생각했다. 그리고 자신의 재능을 통해 더 가치 있는 삶을 살며 행복해질 수 있다고 생각했다.

> **"나는 인생의 목표를 '금융 교육을 통해 많은 사람의 경제적 자유를 돕는 것'으로 수립하고 사업가가 되기로 결심했다"**

이 목표를 수립한 후 나는 내가 어떤 능력을 쌓아가야 하는지 고민했다. 학교에서의 교육 과정은 나의 꿈을 이루기 위해서 중요하지 않았다. 나는 대학교에서 산업공학을 전공했는데 전공 수업은 공장의 생산 공정 개선 및 물류 네트워크에 대한 내용이 대부분이었다. 나는 대학교 재학 기간인 5년 정도의 시간 동안 산업공학 대신

'리더십'과 '비즈니스'에 대해 배우기로 했다. 그리고 나의 두 번째 수업이 시작되었다.

2. 두 번째 교육 과정: 비즈니스와 리더십

대학 시절 나는 사업을 하기 위해 팀원들을 모았다. 처음에는 어떤 팀원이 필요한지도 모른 채 사업을 하고 싶어 하는 친구들끼리 모여서 사업을 하기도 했고 성향이 비슷한 친구들끼리 사업을 하기도 했다. 5년 동안 일곱 번의 사업을 했고 많은 실패를 했다. 나와 동료들은 실패할 때마다 더 많이 배웠고 한 단계 나아갈 수 있었다. 운 좋게 성공했던 사업도 있었지만 오래가지 못하고 또다시 실패했다.

그 실패의 시간들이 너무 소중했던 이유는 같은 이유로 실패하지 않았기 때문이다. 정말 다양한 이유로 사업은 무너졌다. 저작권 법이 바뀌어 운영하던 사업이 하루아침에 불법이 되기도 했고 매출은 발생했는데 돈을 너무 늦게 지급하는 사업의 경우는 현금이 안 돌아서 사업을 접기도 했다. 멋진 제품을 만들어놓고도 고객과의 의사소통이 부족하여 제품이 팔리지 않아 실패한 적도 있다. 많은 실패를 했지만 한 번의 실패에 하나씩 차근차근 배워나갔다.

팀을 이끌어나가며 느낀 점은 우리가 만들어나가는 제품이나 서비스가 사람들의 문제점을 해결한다는 것에 공감하지 못하면 돈 외의 동기 부여가 없다는 사실이다. 이런 팀원들은 돈을 좇아서 움직이게 되어 있다. 더 많은 돈을 주거나 더 많은 돈을 벌 수 있는 기회를 좇아 팀을 이탈한다. 나는 리더로서 미숙했고 어떻게 팀을 만들어가야 하는지 충분히 알지 못했으며 수없이 많은 시행착오를 겪었다.

나는 리더십을 키우기 위하여 더 많은 조직을 만들어보기로 결심했으며 학교 내에 동아리를 만들기도 했다. 직접 만든 동아리에 사람들이 꽤 많이 모였을 때에도 어떻게 하면 이들에게 동아리 활동에 대한 동기를 부여해줄 수 있을까 고민했다. 사업을 시행하며 많은 실패를 통해 어떤 팀을 만들어가야 되는지 알게 되었고, 내가 키워나가야 하는 분야에 대해서도 많은 고민을 하게 되었다. 나는 리더십을 바탕으로 더 튼튼한 팀을 만들어야 했으며, 그러기 위해서는 내가 사업을 하기 위해 필요한 부분에 대하여 잘 알아야만 했다.

많은 직장인이 은퇴 후 차리는 커피숍이나 치킨집이 잘될 수 없는 이유는 다른 사업자가 따라 하는 것을 방지할 만한 어떠한 법률적인 장치도 없고, 커피숍이나 치킨집을 자산으로 확장시키기 어려우며, 확장시킨다 해도 고객과의 의사소통을 통해 지속적으로 고객을 끌어들이기가 힘들기 때문이다. 또한 확장에 있어 꼭 필요한 시스템을 구축하지 못하고, 시스템이 없는 자산 확장의 결과는 실패로 돌아온다. 그래서 커피숍이나 치킨집이 빠르게 문을 닫고 어렵게 모은 돈과 퇴직금을 날려버리는 것이다.

나는 다행히도 이런 과정을 20대에 겪었다. 퇴직금을 날리지도 않았으며, 모든 친구들이 도서관에 앉아 있을 때 나만의 커피숍과 치킨집 같은 자산들을 팀원들과 만들어보며 많은 실패를 통해 배워나갔다. 나는 사업을 통해 자산을 만들어나가는 과정을 배웠으며, 자산을 만드는 것에 훌륭한 팀이 필요하다는 것을 배웠다. 그리고 사업을 유지하기 위해서는 법률, 제품, 현금 흐름, 시스템, 의사소통의 요소들이 필요하다는 것을 알게 되었고 각 분야에 대한 교육이 필요하다고 생각했다. 나는 현금 흐름과 시스템에 대해서 공부하기를 원했고 그 공부는 도서관에 앉아서 하는 공부가 아니라는 것을 잘 알았다. 대학교를 졸업한 후 나는 세 번째 교육 과정을 위해 사업이 아닌 취업의 길을 선택했다.

3. 세 번째 교육 과정: 현금 흐름과 시스템

나는 신규 사업을 개발하는 부서에 지원했으며, 몇 개 회사에 합격했다. 대학 시절 학교 성적이 형편없어 걱정했지만 나는 다른 지원자들보다 훨씬 많은 신규 사업 개발 경험과 실패 경험을 가지고 있었다. 회사에서는 그 점을 높이 사서 지원하는 회사마다 합격 통보를 받을 수 있었던 것 같다. 입사 후 신규 사업 개발을 통해 어떻게 자산을 만들어가는지, 회사가 어떻게 사람들을 관리하고 시스템을 구축하여 운영하는지를 배우기 위한 세 번째 교육 과정이 시작되었다.

나는 세 번째 교육 과정 동안 두 가지 목표를 정했다. 하나는 정성적 목표였다. 신규 사업 개발 업무를 통해 기업의 자금 조달과 현금 흐름에 대해 공부하고, 큰 조직을 어떻게 시스템화 하는지 경험함으로써 나의 수준을 끌어올리는 것이다. 나는 두 번째 교육 과정에서 이 부분이 부족하여 사업에 실패한 경험이 많았기 때문에 이 부분을 보완하는 것은 중요한 문제였다. 나는 사업 개발팀에서 재무와 현금 흐름, 그리고 시스템에 대해 반복해서 배울 수 있었다. 회사는 사업을 만들기 위해 다시 말해 새로운 자산을 만들기 위해 어떤 검토를 하는지, 어떻게 여러 리스크를 회피하거나 대응하는지, 그 자산을 만들기 위해서 돈을 어떻게 끌어오는지에 대해 일을 통해 배우게 되었다.

두 번째는 정량적 목표였다. 나는 세 번째 교육 기간 동안 경제적 자유를 달성하기로 목표를 세웠다. 나에게 이것은 엄청난 도전이었지만 필연적인 일이었다. '금융 교육을 통해 경제적 자유에 이르게 하여 사람들이 정말 하고 싶은 일을 할 수 있도록 도와주는 것'이 나의 인생 목표였기 때문에 나는 경제적 자유를 만들어나가는 방법을 스스로 알아야만 했다. 먼저 나는 한 달 동안 내가 소비하는 비용을 계산해보았다. 나는 평균적으로 매월 180만 원 정도를 지출했다. 이것은 주거비, 생활비, 여행비 등 모든 비용을 포함한 것이었다. 1년으로 계산하면 2000만 원 정도 되는 돈을 매년 지출했다. 만약 내가 일을 하지 않아도 180만 원 이상의 돈이 다른 곳에서 나올 수 있다면 나는 경제적 자유 상태가 된다. 나는 사람들에게 이 방법을 알려주고 싶었다.

> **"그리고 이 방법을 통해 더 많은 사람이 돈이 아닌 자신의 가치를 위해서 무언가를 할 수 있다고 생각했다"**

내가 다니던 회사는 사람들이 선망하는 안정적이고 연봉이 많은 회사였지만 그곳에 재직하는 많은 사람은 경제적으로 풍족하지 않았고 자신이 가치 있는 일을 만들어간다고 생각하지 않았다. 그리고 "돈만 아니라면 정말 가치 있는 일을 할 수 있을 텐데" "월급만 아니었어도 회사를 그만둘 텐데" 같은 이야기를 수없이 들었다. 만약 월급이 몇 개월간 나오지 않는 상태가 되어버리면 과연 몇 명이나 회사에 남아 있을지 궁금했다. 많은 사람이 돈을 벌기 위해서 회사를 다니는 것 같았다.

더 큰 문제는 이런 걱정을 하는 사람들이 취직에 성공한 소수의 사람들이며, 여전히 많은 사람이 일자리가 없어서 회사의 높은 문턱을 넘지 못하고 있다는 것이다. 나는 여러 사람을 마주하며 금융 교육이 꼭 필요하다는 사실을 다시 한 번 느끼게 되었다. 금융 교육을 통해 자금을 조달하는 법을 알게 되고 그 자금으로 자산을 만드는 법을 알려줘야 한다고 생각했다. 그리고 그 과정을 통해 경제적 자유를 이루고 돈이 아닌 더 가치 있는 일에 사람들이 에너지를 쏟기를 바랐다. 그래서 나의 세 번째 교육의 목표 중 하나를 경제적 자유로 잡았다.

경제적 자유라는 것은 절대 거창한 말이 아니었다. 내가 쓰는 돈보다 더 많은 돈을 자산을 통해 만들고 있는 상태를 이야기했다. 나의 기준에서는 월 200만 원 이상을 근로 소득 외의 자산 소득으로 만들어낼 수 있다면 경제적 자유가 달성되는 것이었다. 나는 이 기간 동안 나의 근로 소득으로 현금 흐름을 창출하는 새로운 자산을 만들어나갔다. 그리고 매년 자산이 쌓여갈수록 나의 현금 흐름은 더 좋아졌다. 현금 흐름에 대한 공부도 함께 해나갔으며, 회사에서 자산을 만드는 방법들을 나 자신에게 적용했다. 이 책의 주요 내용도 나의 세 번째 교육을 바탕으로 써 내려갔다. 나는 나의 입사 동기들과 똑같은 출발선에서 시작했고 5년 만에 내가 생각했던 경제적 자유의 기준보다 더 많은 돈을 자산을 통해 만들 수 있게 되었다. 다시 말해서 나는 경제적 자유 상태를 만들었으며 사람들에게 그 방법을 이야기할 수 있게 되었다. 나는 내 가치를 실현시키기 위한 일에 더 집중할 수 있는 시간을 얻었다.

나에게는 아직 몇몇 교육 과정이 더 필요하고 그 과정을 통해 더 훌륭한 사업가로 성장해나갈 것이다. 그리고 인생의 목표인 '금융교육을 통해 많은 사람이 경제적 자유를 달성하는 것'을 이루기 위한 나와 나의 팀은 노력은 계속될 것이다. 그리고 더 많은 사람이 나로 인하여 경제적 자유를 달성할수록 내가 더 많은 돈을 벌 수 있다는 것도 잘 알고 있다. 세 번째 교육이 끝나가고 있으며 이제 네 번째 교육을 시작하려고 한다. 테슬라 창립자인 엘론 머스크는 처음 사업을 시작할 때 사업 실패에 대한 두려움을 극복하기 위해 한 달 동안 하루 1달러로 살아보기로 했다고 한다. 대형 마트로 달려가 냉동 핫도그와 오렌지 30개를 30달러에 사와서 한 달 동안 이것만 먹는 실험을 하였다. 그리고 한 달이 지난 후 이 과정이 자신에게 별로 힘들지 않다는 것을 깨달았다. 이를 계기로 한 달에 30달러만 있으면 살아가는 데 문제가 없음을 깨달은 엘론 머스크는 자신의 가치에 집중하는 삶을 선택하였다. 앞서 소개한 바와 같이 그는 인터넷, 우주, 친환경에너지 분야에서 다음 세대를 위한 사업을 만들어갔으며 모두 혁신을 일으켰다. 엘론 머스크의 1달러 이야기처럼 극한 상황을 만들지는 않았지만 나 역시 세 번째 교육 기간 동안 앞으로 돈을 하나도 벌지 않아도 20년 정도 버틸 수 있는 발판을 만들었다. 그래서 나는 나의 꿈을 향해 달려가는 네 번째 교육이 두렵지 않다. 나에게는 몇 가지 교육이 남았고 하루하루 시간이 지나갈수록 나의 교육은 계속될 것이다. 그리고 그 교육을 통해 성장해나가며 나의 가치를 실현해나갈 것이다.

가치를 공유하고 함께하는 것이 중요하다

"빨리 가려면 혼자 가고, 멀리 가려면 같이 가라"라는 아프리카 격언이 있다. 사막과 정글이 많고 사나운 짐승도 많은 아프리카에서는 길동무 없이는 먼 길을 가기가 불가능하기에 생긴 격언이라고 생각한다. 나는 인생도 이와 비슷하다고 생각한다. 나는 재능이 뛰어난 사람들을 많이 안다. 그리고 그들 중에는 혼자 일하는 사람이 꽤 많다. 그들은 "혼자 일하는 게 편해" "내 마음대로 할 수 있어서 좋아" "다른 사람들과 맞춰 가는 것이 불편해"라고 이야기한다. 나는 이 말에 동의한다. 나 역시 그럴 때가 있었다. 나와 의견이 다른 사람들과 함께하는 것은 어려운 일이다. 그래서 종종 사람들은 혼자 하기를 선택한다. 나는 혼자 무언가를 만들어가는 것이 나쁘다고 생각하지 않는다. 이것 역시 사람들의 성향 차이이며 혼자 일할 때 훨씬 즐거울 수 있다고 생각한다.

하지만 혼자 일하는 사람은 정말 소수의 사람들에게만 자신의 가치를 전달할 수 있다. 앞부분에서 이야기했던 영향력의 법칙과 같은 이야기이지만 혼자 일하는 사람이 미칠 수 있는 영향력은 한정적이다. 많은 예술가가 이 한계에 빠져버린다. 예술가들은 혼자 일하며, 자신이 모든 것을 직접 해야 한다. 그렇기 때문에 자신의 예술작품을 만들어내는 데 한계가 있다.

> **"하지만 소수의 예술가는 자신의 예술과 콘텐츠 및 제품을 더 많은 사람이 즐기고 느낄 수 있도록 시스템을 구축한다"**

이런 예술가는 더 많은 사람에게 자신의 작품과 콘텐츠를 전달하기 위해 팀을 구축한다. 그리고 사업가의 길로 들어선다. 우리가 알고 있는 예술가들 중에 사업가의 길로 들어선 이들이 많다. 고인이 되신 앙드레 김 디자이너가 그렇고 YG엔터테인먼트의 양현석 대표 역시 이런 케이스이다. 앙드레 김은 자신의 브랜드를 만들어 자신의 예술 철학을 담은 제품을 대중화시켰으며, 더 많은 사람이 앙드레 김의 제품을 이용할수록 앙드레 김은 더 많은 돈을 벌었다. 서태지와 아이들 출신인 양현석도 더 많은 가수를 양성하여 노래와 춤을 통해 대중에게 콘텐츠를 제공하는 사업가가 되었다. 이것이 가능했던 것은 앙드레 김과 양현석이 혼자 하지 않았기 때문이다. 그들은 팀을 만들었으며, 어떻게 하면 더 많은 사람에게 자신의 가치를 전달할 수 있을지 고민했다. 그 고민의 결과가 우리가 잘 알고 있는 앙드레 김이라는 브랜드와 YG엔터테인먼트라는 기업이다.

인생의 목표를 정했다면 그 목표를 주변 사람들에게 이야기하라. 많은 사람이 당신의 꿈을 응원할 것이며, 당신에게 좋은 사람들을 소개할 것이다. 그리고 당신이 목표를 향해 지속적으로 나아갈 때 당신과 비슷한 가치를 가지고 있는 사람들이 주변에 많이 생길 것이다. 그 사람들과 함께 나아가라. 그것이 멀리 갈 수 있는 방법이고 더 많은 사람에게 당신의 가치를 전달하는 방법이다. 그리고 더 많은 사람에게 당신의 가치를 전달할수록 당신은 부자가 된다. 왜냐면 당신의 가치와 돈을 교환하기 때문이다. 당신의 가치를 담은 제품이나 서비스를 이용하는 많은 고객은 그 제품이나 서비스가 자신이 지불하는 돈보다 더 가치 있다고 느끼기 때문에 결국 당신은 고객에게 기여한 것이며, 보다 더 많은 사람에게 기여할 방법을 고민하면 된다.

당신의 가치를 정했다면 그 가치를 어떻게 더 많은 사람에게 전달할 것인지 고민하라. 그리고 그 고민을 주변 사람들에게 알려라. 그 과정 속에서 그 가치를 공유하는 사람들이 생겨날 것이다. 그리고 그들은 당신의 프로젝트에 합류할 것이다.

나는 '부자아카데미'라는 오프라인 금융 교육 커뮤니티를 만들어 매주 사람들에게 금융 교육을 했다. 사람들에게 왜 금융 교육이 필요하며 이 금융 교육을 통해 사회적 문제를 어떻게 해결할 수 있는지 자세히 설명했다. 많은 사람이 이 이야기에 공감했으며 몇몇 사람들은 내 프로젝트에 동참하고 싶다고 했다. 그렇게 우리는 '소셜 러닝'이라는 팀을 만들었고 어떻게 하면 더 많은 사람에게 금융 지식을 알려주고 경제적 자유를 달성시킬 수 있을지 함께 고민하기 시작했다. 우리는 사람들의 금융 지식 향상에 도움이 되는 몇 가지 제품을 만들었다. 금융 지식을 이해하기 위해서는 재무제표를 알아야 한다. 우리에게 익숙한 손익 계산서 외에도 재무 상태표를 이해하고, 이 재무 상태표와 손익 계산서가 어떻게 서로 작용하고 영향을 끼치는지 이해해야 한다. 하지만 숫자와 이론으로 가르치기에는 너무 딱딱하고 재미없기에 가장 쉽게 가르칠 수 있는 방법이 필요했다. 결국 우리는 이것을 사람들이 즐길 수 있는 게임으로 만들기로 했다. 몇 개월의 연구와 개발이 계속되었고 마침내 우리는 '경영의 신'이라는 애플리케이션 게임을 출시했다.

'경영의 신' 게임에서 플레이어는 침대, 책상, 의자 세 가지를 만들어 고객에게 팔기 위해 공장과 기계를 사야 한다. 그 공장과 기계를 사기 위해 필요한 자금을 조달해야 하는데, 은행에서 일부 자금을 빌릴 수 있다. 이 게임에 참여한 사람들은 침대, 책상, 의자를 시장에 팔기 위해 생산자가 되어 서로 경쟁해야 한다. 시장에 판매하기 위해 마케팅비도 일정 부분 집행해야 하며, 이런 과정을 통해 판매가 이루어지고 이익이 쌓인다. 쌓인 이익으로 지속적으로 공장과 기계에 재투자하여 더 많은 제품을 팔아야 이 게임의 승자가 된다. 게임에서 자신의 재무 현황을 손익 계산서, 재무 상태표, 현금 흐름

'경영의 신' 애플리케이션 게임

표를 통해 확인할 수 있으며 이를 통해 재무제표를 익힐 수 있다. '경영의 신'은 현재 50개 이상의 중학교, 고등학교, 대학교에서 실행되었으며 학생들은 이 게임을 통해 한 번도 접하지 못했던 재무제표를 쉽게 이해하고 익힐 수 있었다.

금융 지식을 향상시키기 위해서는 재무제표를 통해 기초 언어를 익히는 것뿐 아니라 경제의 흐름과 정부의 금리 정책, 경제 주체별 역할, 그리고 돈의 흐름 등의 지식을 아는 것도 중요하다. 그리고 왜 소비자가 아닌 생산자(기업)에게 혜택이 돌아가는지, 정부는 왜 생산자에게 각종 혜택을 주며 고용을 유지시키려 하는지 등에 대한 이해가 필요하다. 하지만 이론 위주인 현재의 경제 교육에서는 학생들이 그 현상을 체화하기에 한계가 있다. 경제는 경제를 이루는 각 주체로서 직접 참여해봐야 비로소 그 순환 과정이 이해된다. 나는 대학 시절 사업을 하며 생산자로서 경제에 참여해보았고, 필요한 자금 조달을 위하여 금융 회사와 거래를 하며 은행의 역할도 몸으로 배울 수 있었다. 그리고 회사를 다니며 피고용자이자 소비자로 경제에 참여했다. 나는 학생들이 좀 더 효율적인 시뮬레이션을 통해 경제를 이해하고 금융 지식의 기초를 쌓아나갔으면 했다. 그래서 나와 우리 팀은 함께 이 문제를 고민했고 '경제의 신'을 출시했다.

'경제의 신'은 게임을 통해 경제를 이해할 수 있도록 설계되었다. 게임에 참여하면 각 참여자는 동시에 생산자이자 소비자의 역할을 하게 된다. 생산자로서 시장에 필요한 제품을 만들어내야 되는데 여기서는 게임에서 주어진 제품만 만들어야 한다. 그리고 매 턴 모

'경제의 신' 애플리케이션 게임

든 소비자는 시장에 나온 제품을 소비해야만 한다. 그 소비를 통해 정부는 포인트를 제공하는데 포인트를 가장 많이 쌓은 플레이어가 게임에서 이기는 원리이다. 우리는 모든 생산자는 시장에서 소비자의 역할을 한다는 점을 생각했고, 정부는 어떻게든 소비자들이 소비를 해야만 시장이 순환되기 때문에 소비 장려 정책을 추진한다는 것도 게임에 반영했다. 그리고 게임이 진행됨에 따라 시장 상황에 맞춰 정부의 금리 정책 등이 변하도록 설계했고, 이런 과정을 통해 학생들은 금리 정책이 경제에 미치는 영향, 정부가 금리 정책을 바꾸는 이유 등을 자연스럽게 알 수 있게 만들었다. 그리고 각자 생산자와 소비자의 역할을 하며 자신이 만든 제품의 가격을 결정하고 흥정을 통해 팔기도 한다. 제품이 잘 팔리지 않을 경우에는 돈을 많이 벌지 못하기 때문에 소비자로서 소비를 많이 할 수 없어 경제가 잘 돌아가지 않는다는 사실을 알게 된다. 나는 현실 경제의 축소판인 '경제의 신'을 통해 더 많은 사람이 경제를 이해할 수 있고 변화에 능동적으로 대처할 수 있을 것이라 확신한다. '경제의 신' 역시 현재 몇몇 학교에서 테스트를 완료했으며 더 많은 사람이 이용할 수 있는 방법을 함께 찾아가고 있다.

나는 직장 생활을 하며 소위 고액 연봉자라고 하는, 1억 원 이상의 연봉을 받는 사람들을 많이 보았다. 대부분 명문대를 졸업한 똑똑한 사람들이었지만 경제적인 문제가 없는 사람은 거의 없었다. 우리가 선망하는 억대 연봉자들이 왜 경제적으로 여유롭지 못할까? 고액 연봉자들의 실정이 이렇다면, 상대적으로 연봉이 적은 직장인의 생활은 더 힘들 것이다. 그 이유에 대해서는 책에서 이미 여러 번 이야기했다. 나는 많은 직장인이 '금융 지식'을 통해 은퇴를 앞당길 수 있다고 생각한다. 그 방법을 찾아주기 위하여 우리는 '금융의 신'이라는 보드게임을 만들었다.

'금융의 신' 보드게임은 금융 지식을 가르쳐주기 위한 게임이다. 모든 플레이어는 출발선을 지날 때마다 일정 금액을 지급받는데, 이는 직장인들이 받는 근로 소득을 의미한다. 게임의 룰은 간단하다. 출발선을 지날 때마다 받는 근로 소득을 자산 소득으로 전환시키는 것이다. 근로 소득만 가지고 있다면 게임이 진행될수록 빠르게 가난해지며 파산할 수밖에 없다. 만들 수 있는 자산은 요식업, 의류업,

'금융의 신' 보드게임

교육업 등 다양하다. 같은 색깔의 지역에 같은 업종이 들어오게 되면 소비자에게 팔 수 있는 기준 가격이 낮아진다. 이것은 같은 상권에 같은 업종이 들어올 때 경쟁을 하게 되는 점을 반영한 것이다. 만약 플레이어가 피자 가게를 여러 지역에 만든다면 피자 가게를 운영하기 위한 필요 금액은 낮아진다. 이것은 규모의 경제로 비용이 줄어드는 현상을 반영한 것이다. 게임이 진행될수록 근로 소득을 자산 소득으로 빠르게 옮겨놓지 못하는 플레이어는 파산하게 된다. 진행 도중 각종 카드를 획득할 수 있는데 카드의 종류에 따라 일상생활에 필요한 지출들을 하게 된다. 가령 교육비 지출이 발생한다거나 자동차를 구매하거나 의료비가 필요하게 되고 플레이어들은 더 빠르게 보유한 돈이 줄어드는 것을 확인할 수 있다. 이렇게 플레이어들이 하나둘 파산하고 최후에 남은 플레이어가 승리하는 게임이다.

나는 이 게임의 이름을 '금융의 신'이라고 지었다. 이 게임을 통해 많은 사람이 앞으로 겪게 되거나 지금 겪고 있는 금융의 문제점을 발견하고 해결할 수 있을 것이라 믿는다. 우리는 몇 개월에 걸쳐 이 보드게임을 만들었으며 현재 출시를 앞두고 있다.

나는 나와 비슷한 가치를 가진 사람들을 만났고 팀을 만들었으며 이제는 내가 아닌 우리의 가치를 담은 제품을 만들어나가고 있다. 그리고 우리의 가치에 공감하는 또 다른 사람이 우리의 프로젝트에 투자하거나 합류할 것이다. 그리고 더 많은 사람이 우리의 가치를 담은 이 제품을 이용할 수 있도록 네트워크 역할을 해줄 파트너를 만날 것이다. 많은 사람에게 가치를 전달하고 더 많은 사람이 우리 제품을 이용해 금융 지식을 쌓고 경제적 자유를 이뤄나갈수록 우리 팀은 많은 돈을 벌게 될 것이다. 그래서 돈은 가장 덜 중요하다. 당신의 가치가 먼저이고, 그 가치를 공유하는 팀을 만드는 것이 두 번째이며, 그 팀이 가치를 담아 제품이나 서비스를 만드는 것이 세 번째이다. 그리고 그 제품이나 서비스를 많은 사람에게 전달하는 것이 네 번째이다. 돈은 그 후에 따라오는 것으로 가장 마지막이다.

> **당신의 가치를 공유하기 위해 함께하라.**
> **그것이 당신의 인생을 훨씬 의미 있게 하고**
> **더 많은 사람을 행복하게 만드는 방법이다**

더 많은 사람에게 당신의 가치를 전달하라

나는 오랫동안 '어떻게 하면 더 많은 사람에게 가치를 전달할 것인가'를 고민했다. 아직 이 부분에 대해 명확한 답을 얻은 것은 아니지만 조금씩 답에 근접해가는 것 같다. 처음에 이것이 정말 어려웠던 이유는 우리가 사람들에게 전달하기 위한 채널을 만들어야 된다고 생각했기 때문이다. 다시 말해 우리가 만든 제품을 직접 고객에게 팔아야 된다고 생각했기 때문에 이것은 풀리지 않는 숙제였다.

기요사키는 《부자 아빠의 21세기형 비즈니스》라는 책에서 네트워크 비즈니스 회사들이 고객에게 자신의 제품을 전달해 나가는 과정을 언급하고 있다. 나는 이 책을 통해 네트워크 비즈니스에 대한 우리의 통상적인 부정적 시각을 조금 바꿀 수 있었다(네트워크 비즈니스는 우리가 흔히 다단계라고 부르는 비즈니스로, 기업으로는 암웨이, 뉴스킨 등이 있다). 이 책을 통해 나는 네트워크를 통해 많은 사람이 자신의 가치를 전달하는 것을 알 수 있었고, 직접 고객에게 다가가는 방법 외에도 네트워크 파트너를 활용해 더 많은 사람에게 가치를 전달할 수 있다는 것을 알 수 있었다. 조금 더 넓은 범주로 네트워크 파트너를 생각해보면 다음과 같은 예를 들 수 있다.

1. 최고의 인기 MC인 유재석이 방송국이란 네트워크 매체가 없었으면 사람들에게 이렇게 많은 영향력을 끼칠 수 있었을까? 유재석은 방송국이란 네트워크 매체를 잘 활용하여 더 많은 사람들에게 자신의 가치를 전달했다.

2. 조앤 K. 롤링은 《해리 포터》를 집필하고 출판했는데, 미국의 여러 출판사가 관심을 가져 미국판을 계약했고 책의 네트워크인 여러 서점으로 퍼져나가며 대중에게 알려졌다. 조앤 K. 롤링은 자신의 가치를 담아 '책'이라는 형태의 제품을 만들었으며 출판사와 서점의 네트워크를 통해 전 세계 사람들에게 가치를 전달했다.

3. 수많은 기업의 제품들이 홈쇼핑에 소개되고 있으며 홈쇼핑은 수만 개의 제품을 고객들에게 전달하고 있다.

4. 대형 마트에는 수천 가지 제품이 있고 고객은 그곳에서 제품을 구매한다.
5. 만약 중국에 당신의 제품을 팔기 원한다면 '알리바바'에 당신의 제품을 올릴 수 있으며, 미국에 팔기를 원한다면 '이베이'나 '아마존'을 이용해 고객들에게 당신의 제품과 가치를 전달할 수 있다.

　방송국, 서점, 대형 마트, 홈쇼핑, 온라인 쇼핑몰 외에도 수많은 네트워크 마케팅 파트너가 있으며 당신은 이 파트너들을 통해 수많은 고객에게 당신의 제품을 전달할 수 있다. 국민 게임이 된 '포코팡'은 게임계의 네트워크 비즈니스 회사인 한게임과 손잡기 전까지는 우리가 전혀 모르는 게임이었다. 만약 포코팡이 한게임 같은 게임 네트워크에 자신의 제품을 태우지 못했다면 우리는 포코팡을 할 수 없었을지도 모른다.

　나는 이러한 사실을 수많은 시행착오 끝에 알게 되었다. 나는 사업을 통해 많은 제품을 만들어나갔으나 그 제품 중에 사람들이 기억하는 것은 거의 없다. 가치를 담아 제품을 만드는 데까지는 성공했으나 그 가치를 더 많은 사람에게 전달하는 과정에서 나는 철저히 실패했다. 나는 직접 나의 제품을 팔아야 한다고 생각했으나 내가 직접 만날 수 있는 고객의 수는 한정되었고 따라서 제품이 팔리는 수도 한정적일 수밖에 없었다. '영향력의 법칙'을 기억하는가? 나와 나의 사업이 미치는 영향력은 한정적이었고 그래서 많은 돈을 벌지 못했다.

영상 편지 제작 사업을 했던 대학 시절 나는 자체 제작한 홈페이지에서 영상 편지를 팔았고 이 사이트를 몇 개의 포털 사이트에 직접 홍보했다. 어느 정도의 매출은 발생했으나 곧 성장은 멈췄고 돌파구가 필요했다. 프러포즈를 하려는 20대 후반에서 30대 초반의 남성 고객이 가장 많았기에 이들이 가장 많이 찾는 곳을 물색하기 시작했다. 결혼을 앞둔 커플들이 모두 찾는 곳은 웨딩 컨설팅 회사였고, 많은 남성이 결혼을 준비하며 프러포즈를 한다는 것을 알게 되었다. 나는 몇몇 웨딩 컨설팅 회사를 만났고 그중에서 전국에 체인점을 둔 가장 큰 웨딩 컨설팅 회사와 영상 편지 위탁 판매 계약을 맺을 수 있었다. 직접 마케팅을 하지 않아도 전국의 100개 가까운 웨딩 컨설팅 회사에서 영상 편지를 팔기 시작했고 매출은 급상승하기 시작했다.

더 많은 사람에게 당신의 가치를 전달하라. 이것은 좋은 네트워크 파트너를 통해 가능하다. 우리는 금융 지식을 가르치기 위한 제품을 더 많은 사람에게 전달하기 위한 고민을 함께 하고 있다. '금융의 신' 보드게임의 경우 국내 대형 마트 입점을 협의 중이며, 향후 홈쇼핑을 통해 고객들에게 전달하는 방법을 모색하고 있다. '경제의 신'과 '경영의 신' 애플리케이션 게임의 경우 동영상 교육과 접목하여 라이선싱 방식으로 학교에 제공하려고 준비하고 있다. 우리는 이것이 금융 교육을 통해 많은 학생이 피고용자가 아닌 사업가로 성장하여 우리나라 경제를 단단하게 만드는 방법이라고 믿고 있다.

또한 게임 네트워크 마케팅 파트너와 협업하여 애플리케이션 게임 형태로 사람들에게 전달하는 방안도 고민하고 있다. 그리고 어떻게 하면 전 세계 사람들에게 우리의 가치를 전달할지도 생각하고 있다. 그 가치 전달의 방법 중 하나로 이 책 역시 집필되었다.

당신의 가치는 무엇이며 그 가치를 어떤 제품이나 서비스로 만들었는가? 그리고 어떤 방법으로 그 가치를 전달하고 있는가? 더 많은 사람이 그것을 사용하게 하려면 더 많은 사람에게 전달할 수 있도록 제품이나 서비스를 만들어야 한다. 우리 팀은 이를 이해하고 네트워크에 태울 수 있는 형태로 우리의 제품을 변형시킬 필요가 있다는 사실을 알았다. 현재 우리의 교육 서비스는 직접 학교에 방문하여 '경영의 신' '경제의 신' '금융의 신'을 실행하고 학생들이 체험하게 하는 형태인데 이것을 네트워크에 태울 수 있는 형태의 패키지로 변형시키고 있다. 직접 학생들을 찾아가서 가르쳐주기에는 혜택을 받을 수 있는 학생의 수가 한정적이며 가용 자원에도 한계가 있기 때문이다. 우리는 이것을 무한하게 복제 가능한 형태로 변형시킬 생각이다. 현재의 서비스를 플랫폼으로 구축하여 ID만 있으면 전 세계 어디에서도 접속하여 교육에 참여할 수 있고 근처 마트에서 우리 제품을 구입해 교육받을 수 있는 형태로 말이다. 우리는 잘 알고 있다. 전 세계 사람들이 우리의 제품을 사용하며 환호하는 그 순간, 다시 말해 우리의 가치가 전 세계에 퍼져 세상을 바꾸고 있는 그 순간 우리는 엄청나게 많은 돈을 벌 것이다.

빌 게이츠나 워런 버핏, 마크 주커버그 같은 억만장자들은 이 법칙을 누구보다 잘 알고 있었고 착실히 수행해나가 오늘의 억만장자가 되었다. 당신의 가치가 무엇이든 그것을 더 많은 사람에게 전달하기 위한 고민을 시작해보는 것이 어떨까?

돈의 노예가 아닌 당신의 가치를 추구하며 살아라

이런 표현을 쓰고 싶지는 않지만 정말 안타깝게도 우리 주변에는 돈의 노예로 사는 사람들이 너무도 많다. 어쩌면 유한한 자원을 빼앗아 성장해야 한다는 패러다임에 갇힌, 경쟁에 익숙한 시대의 슬픈 자화상인지도 모르겠다. 사람들은 다양한 이유로 돈의 노예가 된다. 돈이 너무 없거나 과소비가 심해서 돈의 노예가 되기도 한다. 승진의 사다리를 오르며 떨어지지 않기 위해 돈의 노예가 되기도 한다. 하지만 사람들은 알고 있다. 돈보다 중요한 무엇이 있다는 것을 말이다. 나는 그 무엇이 그 사람의 '가치'라고 생각한다. 돈 이전에 어떤 사람이든 가지고 있는 '가치'가 있다.

"나는 인생의 목적이 각자의 가치를 추구하는 것이라고 생각한다. 사람마다 모두 다른 가치를 가지고 있지만 개개인의 개성과 가치는 집단에 의해 퇴색돼버리고 만다,,

그리고 학교는 비슷한 사람을 양성한다. 사고를 비슷하게 만들며, 많은 학생이 같은 진로를 선택하게 만든다. 애초에 학교가 보여줄 수 있는 진로가 그렇게 많지 않다. 학생들은 사회에서 다양한 경험을 하며 세상을 배워가야 하지만 학교는 그것을 허락하지 않는다. 학교에서는 모두 같은 이론을 배우기를 원하며, 정답 아니면 오답으로 학생들을 평가한다. 그리고 학교생활 외 다른 활동을 하면 모범생이 아니라고 취급한다. 학생들은 이런 과정을 통해 자신의 능력을 찾고 가치를 구체화하기보다 기성세대가 정해버린 몇 가지 길 중 하나를 선택한다. 좋은 대학에 가기 위해서 같은 반 친구들과 경쟁하며, 경쟁에서 이긴 몇몇 학생들만 명문대에 진학한다.

그것이 진정 성공한 삶의 공식이라면 왜 그리 많은 명문대 출신자가 직장을 구하지 못하는 시대에 살게 되었는가? 나는 명문대 출신의 뛰어난 학생들이 취직을 못 하여 삶의 나침반을 잃어버린 경우를 꽤 많이 보았다. 그리고 직장을 구했던 학생들조차 자신의 가치와 꿈과는 거리가 먼 진로를 선택하여 먹고살아야 하는 생존과 자신의 가치 사이에서 방황하는 것을 많이 보았다. 지금도 많은 직장인이 회사를 그만두고 싶어 하지만 현실적인 돈 문제에 직면하여 행동으로 옮기지 못하고 있다. 자신의 일에 대한 사명감과 인생의 가치관보다는 돈을 벌기 위해 일하고 있다.

충분히 이해할 수 있다. 현실적인 문제를 외면한 채 자신의 가치와 꿈만을 좇는 것은 한편으로는 무책임한 일이라 볼 수도 있다. 또한 회사를 그만두고 자신이 하고 싶은 일을 시작한 사람들이 또 다른 여러 가지 문제에 직면하는 것을 보며 두려움이 앞서기도 할 것이다. 그럼에도 불구하고 나는 당신이 돈이 아닌 가치를 따르기를 바란다.

더 나은 삶의 방식을 위해서 돈이 아닌 가치를 좇아야 한다. 당신이 자식들에게 물려줄 수 있는 최고의 자산은 돈이 아니라 가치를 따르는 삶의 방식이다. 새로운 삶의 방식을 자식들에게 알려줌으로써 자식들을 더 큰 사람으로 성장시킬 수 있다. 가치를 다른 사람들에게 전달하기 위해 제품이나 서비스로 만들고 더 많은 사람에게 가치를 전달하는 방법을 통해서 당신은 기하급수적으로 많은 돈을 벌 수 있다.

나도 처음에는 잘 이해되지 않았다. 직장인의 삶의 방식이 익숙한 다른 사람들과 마찬가지로 돈은 차곡차곡 모아가는 것이라고 생각했다. 하지만 가치를 좇는 사람들은 다른 삶의 패턴을 가진다. 우선 첫 번째 단계인 가치를 제품이나 서비스로 만들어내는 것을 많은 시행착오를 통해 연습하게 된다. 첫 번째 단계에 능숙해지면 가치를 전달하는 두 번째 단계에 들어선다. 이 단계에서는 사람들을 제품이나 서비스를 통해 만족시키는 것이 중요하다. 만약 사람들이 만족하지 못한다면 시행착오를 거치며 사람들이 충분히 만족할 수 있게 만들어야 한다. 세 번째 단계는 더 많은 사람에게 이것을 전달하는 것이다. 돈을 기하급수적으로 버는 것은 세 번째 단계에서 가능하다. 더 많은 사람이 가치를 담은 제품이나 서비스에 만족할 때 많은 돈을 벌게 된다. 수천 명의 사람을 만족시키면 수십억을 벌 수 있고 수십만 명을 만족시키면 수천억을 벌 수 있다. 더 많은 사람에게 제품과 서비스를 전달하기 위해서 몇몇 파트너들의 도움을 받게 되며, 마케팅이나 유통 파트너들의 도움으로 수많은 사람을 만족시키게 된다.

나는 이 과정이 결코 쉽지 않음을 잘 알고 있다. 하지만 당신이 걸어왔던 과정도 절대 쉽지 않았음을 안다. 어떤 분야의 전문가가 되기 위해 거쳐야 하는 학교 공부는 매우 어렵다. 당신은 지식을 쌓기 위해 매년 기꺼이 학교에 돈을 낸다. 대학교 등록금만 해도 매년 1000만 원씩은 된다. 그리고 학습을 위해 쓴 그 돈을 아깝다고 생각하지 않는다. 그 과정 끝에 사람들은 직장을 얻고 월급을 받게 된다. 수업료에 대한 일종의 보상을 근로를 통한 소득으로 받게 된다.

가치를 추구하는 다른 패턴의 삶도 마찬가지다. 돈을 내며 배우는 학교 공부의 기간은 대학교까지 무려 16년이며, 시장에서 경험을 통해 배우는 과정에도 시행착오에 따른 비용이 발생한다. 만약 오랜 시간 직장인으로 지내다가 은퇴 후 처음 사업가의 길을 걷기 시작했다면 이것은 완전히 새로운 공부이다. 따라서 시행착오 기간이 필요하며, 사업가가 되기 위해 새로운 공부를 해야 한다. 하지만 사람들은 그렇게 생각하지 않는 것 같다. 자신의 퇴직금을 모두 걸고 잘될 거라고만 생각하는 것 같다. 직장 생활을 위한 공부와 사업을 위한 공부는 완전히 다르며, 직장 생활의 경험이 일부 도움이 될 수도 있겠지만 그것 이상으로 훨씬 많은 것이 필요하다. 그래서 나는 사람들이 "이 아이템이 괜찮으니 나의 사업이 성공할 것 같지 않습니까?"라고 물어올 때 사업에 대한 시행착오를 얼마나 많이 겪어 봤는지를 되물어본다. 그리고 어떤 팀을 구성하고 있는지 물어본다. 그 두 가지 질문에 대답이 충분하지 않다면 나는 이렇게 말한다.

> **"죄송하지만 그 사업은 잘 안 될 겁니다.
> 하지만 반드시 도전했으면 좋겠습니다. 그래야
> 실패를 통해서 무엇이 잘못되었는지 알 수 있습니다.
> 빠르게 도전하되 빠르게 실패하십시오. 그 과정을 최대한
> 많이 겪으십시오. 그런 후에 새로운 도전을 한다면
> 그때는 반드시 성공할 수 있을 것입니다"**

직장에서 실패는 인사고과에 부정적 영향을 끼친다. 그래서 도전을 주저하게 된다. 이것은 학교에서도 마찬가지다. 정답이 있는 학교에서 실패는 오답이다. 그래서 틀린 것으로 간주된다. 하지만 사업의 세계에서는 실패가 성공의 지름길이다. 실패 없는 성공은 반드시 실패하게 되어 있다. 나는 사업을 준비하는 사람들에게 3년 동

안 수입이 끊겨도 살 수 있을 정도의 돈은 모아두고 시작하라고 이야기한다. 내가 말한 3년은 실패와 시행착오의 과정이며, 사업의 세계에서 수업의 시간이다. 이 시간을 보내지 않는다는 것은 대학교를 다니며 등록금을 내지 않겠다는 것과 같은 이야기다. 따라서 충분한 수업 기간을 만들어야 한다. 이 수업을 위해 회사를 내일 당장 그만두라는 것은 아니다.

당신이 가장 먼저 해야 하는 일은 당신의 가치를 정하는 것이다. 당신이 가장 가치 있게 생각하는 것은 무엇인지, 어떤 가치를 전달하고 싶은지 정하는 것이다. 어떤 사람들에게 그것을 전달하고 싶은지, 그 사람들은 어떤 어려움이나 문제점을 가지고 있는지, 그리고 당신은 어떻게 그것을 해결해줄 수 있는지, 이런 것들을 생각해보라. 나는 당신이 할 수 있는 일이 훨씬 많다고 확신한다. 다만 당신은 다른 교육을 받았을 뿐이며 이제 새로운 교육이 필요할 뿐이다. 새로운 교육은 새로운 세계를 열어줄 것이며 무한한 가능성의 세계를 열어줄 것이다. 이런 길을 먼저 걸어간 수많은 사람이 있다. 빌 게이츠가 그렇고 워런 버핏 역시 그렇다. 이런 과정을 밟아 많은 사람이 억만장자가 되었으며 당신도 충분히 가능하다.

얼마 전 〈PD 수첩〉에서 '청년 실업 100만 시대, 취업대란에 신음하는 청춘들'이라는 주제로 방송하는 것을 본 적이 있다. 방송에 따르면 수많은 명문대 학생이 기업에 100개 이상의 이력서를 넣고도 번번이 떨어져 졸업을 연기하는 경우가 대부분이라고 한다. 방송에 나오는 학생들은 하나같이 우수한 성적으로 좋은 대학교를 졸업하고 높은 영어 성적과 화려한 스펙을 가지고 있었다. 그렇다면 누가 그들을 이런 취업 절벽으로 내몰았는가? '취업 절벽'이라고 표현한 이유는 오로지 취업을 위해서 16년의 교육 과정을 거쳤기 때문이다. 취업 이외의 대안이 없는 학생들에게는 '절벽'이라는 표현이 어울린다.

> **"학교에서는 스스로 돈을 찍어내는 방법을 가르치지 않는다. 자신의 가치를 어떻게 제품으로 만들고 그것을 어떻게 전달할지에 대해서 이야기해주지 않는다. 오로지 직장에 들어가서 월급을 받는 것이 유일한 방법인 양 알려준다"**

왜냐하면 학생들을 가르치는 교사가 대부분 그런 삶을 살아왔던 사람들이기 때문에 삶의 다른 유형을 가르쳐줄 수 없다. 그 결과 성장이 정체되어 기업이 충분한 고용을 해주지 못하자 학생들은 취업 절벽으로 떨어져버렸다. 그럼에도 여전히 그들의 선택은 대기업, 중소기업, 공무원, 전문직으로 한정된다.

국가는 계속해서 대기업 위주의 성장 정책을 펼치고 있지만 이제는 대기업들이 해외에 직접 공장을 세워 국내 일자리 창출에 기여하는 바가 적어지고 있다. 현재의 시스템에서는 고용 전망이 대단히 부정적이다. 청년 실업 문제는 해결되기 어렵다. 시대가 변했고 청년들 스스로 부가가치를 창출할 수 있는 새로운 교육이 필요하다.

새로운 교육을 통해 더 많은 사업가가 자신의 가치를 제품과 서비스로 만들어 그 가치를 전달하며 더 많은 고용을 창출해나가야 한다.

물론 모든 사람이 사업가가 되어야 한다는 것은 아니다. 사업가가 아니더라도 가치를 전달하는 방법은 여러 가지가 있다. PD가 되어 자신의 철학과 가치를 방송 프로그램으로 만들어 많은 사람에게 전달할 수도 있고, 작가가 되어 책을 통해 가치를 전 세계에 전달할 수도 있다. 하지만 이 역시도 어떻게 자신의 가치나 철학을 제품이나 서비스로 만드는지 그 방법을 알아야 하며, 그 제품이나 서비스를 유통망에 태워 많은 사람에게 전달하는 방법을 알아야 한다.

지금은 교육의 과도기다. 청년 취업 절벽, 연금 고갈, 수명 연장 등에 따른 여러 가지 경제 문제가 수면 위로 드러나며 미래가 어둡게만 느껴진다. 하지만 문제가 많다는 것은 해결해야 할 점도 많다는 것이며, 이는 더 큰 기회일 수도 있다. 어느 광고의 카피처럼 "우리는 답을 찾을 것이다, 언제나 그랬듯이." 이런 문제가 발생했기 때문에 사람들이 무언가 잘못되었다는 것을 느끼기 시작했고, 이제는 변화가 절실히 필요하다는 것을 안다. 그 변화는 새로운 교육을 필요로 하는데, 그 새로운 교육의 근간은 금융 교육이다. 금융 교육을 통해 많은 사람이 경제 문제를 해결하고 자신의 가치를 제품과 서비스로 만들어 더 많은 사람에게 전달할 수 있다. 당신은 이 책을 통해 경험하지 못한 새로운 세계를 보았다. 이제 선택은 당신의 몫이다.

세상에는 두 가지 교육이 있다

> **"**우리는 세상의 두 가지 교육 중 한 가지 교육만을 좇아왔다.
> 이제는 다른 한 가지 교육이 필요하다**"**

　스무 살이 되던 해 로버트 기요사키의 《부자 아빠 가난한 아빠》를 읽고 내 인생은 완전히 바뀌었다. 나는 그 책을 통해 새로운 세계를 보았고 기존에 내가 배워왔던 것이 한쪽 방향의 교육이라는 것을 깨달았다. 그리고 소수의 사람만 다른 교육을 받는다는 것도 알았다. 그 다른 교육의 근간은 금융 교육이었는데, 그 교육을 바탕으로 경제적 자유를 달성한 많은 사람을 만났다.

　지금 우리가 살고 있는 세상은 한쪽 방향의 교육만 발달했다. 그리고 한쪽으로 쏠린 교육에서 너무 많은 노동자가 양성되었고, 노동자를 고용할 만한 충분한 사업가는 배출되지 않고 있다. 노동력에 대한 수요는 부족한데 노동력의 공급은 넘쳐나고 있다. 이런 상황에서 기존의 교육은 과잉되고 있는 노동자만을 계속해서 양성한다.

그러다 보니 노동력의 공급 과잉이 더욱 심화되고 실업률은 높아진다. 이 문제를 해결하기 위해서는 노동력의 공급이 아닌 노동력에 대한 수요가 증가되게 만들어야 한다. 수요가 증가되기 위해서는 사업가가 많이 나타나야 하며, 이를 위해서는 사업가를 위한 교육이 필요하다. 하지만 학교는 사업가나 투자자를 위한 교육을 해주지 못하고 있다.

사업가가 양성되기 위해서는 기초 교육인 금융 교육이 먼저 이루어져야 한다. 금융 교육의 핵심은 '자산'을 만드는 것인데 사업가는 '자산'을 만들어나가는 사람들이기 때문이다. 사업가가 많이 양성되면 일자리는 더 많이 창출되고 노동 시장의 수요가 늘어나 수요와 공급이 균형을 맞출 수 있게 된다. 더 많은 사람이 금융 교육을 받아야 하는 이유다.

나는 금융 지식이 더 많은 사람을 사업가로 이끌어줄 것이라 확신한다. 이 책을 집필하게 된 가장 큰 이유도 책이 하나의 제품으로서 나의 가치와 철학을 많은 사람에게 전달할 수 있기 때문이다. 여전히 배우고 있으며, 시행착오를 겪고 있지만 나는 이것이 성공으로 가는 가장 정확한 길이라는 것을 안다.

뉴스나 신문에서는 미래를 어둡게 써내려간다. 사람들이 살아가는 환경이 점점 힘들어지는 것은 사실이다. 그리고 세상에는 많은 문제가 있고 점점 더 많은 문제가 생겨나고 있다. 하지만 이것은 해결해야 할 문제가 많아진다는 것이고 더 많은 기회가 생긴다는 이야기이기도 하다. 얼마 전 한 블로그에서 '억만장자가 되는 방법'이라는 글을 본 적이 있다. 그 글에서는 억만장자가 되는 방법을 '지구촌 수십억 명의 문제를 해결하는 법을 개발하는 것'이라고 설명하였다. 식수와 식량 부족, 빈부격차, 양성 불평등, 국경 분쟁 등 전 세계에는 많은 사람이 겪고 있는 수많은 문제가 있는데 그것을 해결해줄 수만 있다면 억만장자가 될 수 있다는 것이다. 나는 이 말에 십분 공감한다.

내가 생각하는 우리나라의 가장 큰 문제는 '교육'이다. 그래서 그것을 해결하는 것을 인생의 목표로 잡았다. 나는 '금융 교육'을 통해 현재의 교육 문제를 해결할 수 있다고 생각한다. 현재 교육의 문제점은 노동자를 양성하는 '한쪽 방향 교육'에 있다. 이러한 교육은 결과적으로 구직자는 많지만 일자리가 없는 청년 고용 절벽 시대를 만들었다. 하지만 금융 교육은 일자리를 창출한다. 금융 교육의 핵심은 '사회의 문제점을 해결하기 위한 자산'을 만들어나가는 것이다. 그리고 그 자산을 유지하고 발전시키기 위해서는 많은 사람을 고용해야 한다. 지금의 기업들이 기업의 자산을 유지하고 발전시키기 위해 고용을 하는 것과 같은 원리이다. 그리고 그 자산을 만드는 과정은 문제점에서 시작한다. 어떤 문제를 해결하고 싶은지, 그것은 각자의 가치관과 연계되어 있다. 그래서 자신의 가치가 무엇인지 알고 그 가치를 통해 사회의 문제를 해결하는 자산을 만들어가는 것이다. 이것은 경쟁을 통해 승자만이 살아남는 지금까지의 교육 방식과는 다른 교육이다. 각자 다른 능력과 다른 성향의 사람이 같은 목적을 가지고 팀을 만들고 함께하는 교육이 필요하다. 팀으로 함께 시행착오를 겪어나가는 과정은 개인과 팀을 성장시킨다. 이런 과정을 통해 많은 사람이 사업가로 성장할 수 있다.

정부에서도 '창조경제'라는 키워드로 사업가를 많이 양성하고자 정책이나 창업 지원금을 만들고 있다. 하지만 사업가를 위한 교육은 미흡한 상황이다. 그렇다 보니 제대로 된 프로세스 없이 사람들을 또 다른 절벽인 창업 절벽으로 내몰고 있는 상황이다. 사업가를 위한 제대로 된 교육과 프로세스 확립이 우선이며, 이런 교육은 청소년 때부터 시행해야 한다. 많은 교육 관계자들이 이미 문제를 인지하고 변화의 필요성을 절감하고 있으며 조금씩 변화하고 있다는 것은 상당히 긍정적인 현상이다.

나는 이 책을 통해 회사는 어떻게 자산을 만들어가며, 당신은 어떤 자산을 만들어야 하는지에 대해 이야기하고 싶었다. 그리고 당신의 가치를 바탕으로 사회의 여러 문제를 해결하는 사람이 되었으

면 하는 바람으로 이 책을 쓰게 되었다. 이 책 역시 나의 가치를 전
달하는 하나의 제품이며, 이를 통해 많은 사람의 경제적 문제를 해
결할 수 있다고 믿는다.

나의 길을 늘 응원해주는 부모님과 가족들, 이 책을 쓰는 모든 시
간을 함께해주었던 사랑하는 아내, 그리고 우리나라 교육을 바꾸고
자 함께 노력하는 우리 팀 소셜러닝, 마지막으로 나의 멘토이자 새
로운 세계를 알려준 로버트 기요사키에게 감사의 말을 전한다.

가계 부채 1100조 시대,
회사처럼 가계를 경영하라

초판 1쇄 인쇄 | 2015년 9월 16일
초판 1쇄 발행 | 2015년 9월 23일

지은이 박기웅
책임편집 조성우
편집 손성실
마케팅 이동준
디자인 권월화
용지 월드페이퍼
제작 (주)상지사P&B
펴낸곳 생각비행
등록일 2010년 3월 29일 | 등록번호 제2010-000092호
주소 서울시 마포구 월드컵북로 132, 402호
전화 02) 3141-0485
팩스 02) 3141-0486
이메일 ideas0419@hanmail.net
블로그 www.ideas0419.com